El Evangelio de Felipe

con comentarios

Redactor de la versión rusa
Dr. Vladimir Antonov

Traducido del ruso al español
por Anton Teplyy

Correctores de traducción:
Nicolas Nessi y Micaela Rossi

2014

ISBN 978-1494490706

Este libro presenta una traducción completa y competente del Evangelio escrito por el Apóstol Felipe, un discípulo personal de Jesús el Cristo. La traducción está acompañada con comentarios explicativos.

En Su Evangelio, Felipe puso énfasis en el aspecto metodológico del trabajo espiritual.

El libro está dirigido a todos aquellos que buscan la Perfección.

El Evangelio apócrifo[1] del Apóstol Felipe, un discípulo directo de Jesús el Cristo, fue encontrado por arqueólogos en 1945 en Egipto. Este Evangelio contiene información muy importante impartida a Felipe por Jesús.

Se trata de las técnicas meditativas más altas que llevan al practicante espiritual a la Morada de Dios Padre, denominada por Felipe como la *Cámara Nupcial*. En el Evangelio se entretejen artísticamente dos líneas de narración: la línea del amor sexual entre las personas y la línea del Amor más alto a Dios, con la particularidad de que el primero es considerado como el prototipo del segundo.

El Evangelio está escrito en un lenguaje artístico y literario, en estilo de parábola.

Hasta ahora, el significado profundo de esta obra ha permanecido inaccesible para los lectores rusos. Las tres ediciones anteriores fueron preparadas por traductores que no entendieron el significado del texto y que, por lo tanto, intentaron traducirlo sólo «literalmente». Por ende, sus traducciones resultaron ser, en gran medida, una secuencia de palabras ininteligibles, sin relación entre sí.

El trabajo dedicado a la preparación de esta edición fue realizado por pedido y con la colaboración personal del autor de este Evangelio. El prototipo de esta edición son las ediciones [3,4]. Los comentarios al texto del Evangelio están escritos en un tipo de letra diferente.

$$* * *$$

1. Un hebreo engendra a otro hebreo y esta persona puede ser llamada prosélito. Sin embargo, un prosélito no engendra a otro prosélito.

---

[1] Es decir, uno de los textos que no fue incluido en el Nuevo Testamento.

Quienes vinieron de la Verdad son así desde el mismo comienzo. Ellos engendran a otras Personas de la Verdad. Las últimas sólo necesitan nacer (en Ella).

El prosélito es aquel que ha abrazado la fe.
Quienes vinieron de la Verdad son Aquellos Que vinieron de la Morada de Dios Padre. Ellos son capaces de llevar a Sus discípulos a ésta y ayudarles a «nacer» allí.

2. Un esclavo solamente espera ser libre. No puede esperar heredar la riqueza de su amo.
En cambio, el Hijo no es solamente un Hijo, sino también el Condueño de la riqueza del Padre.

El Hijo de Dios Padre, consustancial con Él, es el Condueño de Su riqueza.

3. Existen aquellos que heredan lo perecedero. Ellos mismos pertenecen a lo perecedero, por lo tanto, lo heredan.
Aquellos Que heredan lo Imperecedero son imperecederos. Ellos se convierten en los dueños de lo Imperecedero y de lo perecedero.
Las personas perecederas (realmente) no heredan nada. Pues ¿qué puede heredar una persona perecedera?
Sin embargo, si aquel que ha salido del cuerpo ha heredado la Vida Verdadera, significa que no morirá, sino que vivirá.

Quien ha alcanzado al Padre gracias a sus esfuerzos de autoperfeccionamiento hallará la Verdadera Vida después de la muerte de su cuerpo y se convertirá en el Condueño de lo Celestial y de lo terrenal junto con el Padre.

4. Un pagano no muere en absoluto, pues nunca ha vivido (verdaderamente). Por lo tanto, no tiene sentido hablar de su muerte.

En cambio, quien acepta la Verdad empieza a vivir y está en peligro de morir, pues vive.

En este contexto, «morir» significa desviarse del Camino al Padre. Es una muerte espiritual.

5. Desde el día en el que encarnó el Cristo, la prosperidad ha llegado, las ciudades han revivido y la muerte se ha marchado.

6. Cuando éramos hebreos, cada uno tenía sólo madre. No obstante, desde que nos hemos convertido en cristianos tenemos ambos: el Padre y la madre.

En la tradición judaica Dios fue llamado *Padre,* y Jesús propuso a Sus seguidores usar esta palabra para referirse sólo a Dios, y no al padre terrenal.

Felipe dice que desde aquel entonces los verdaderos seguidores del Cristo hallaron al Padre Verdadero.

7. Quienes siembran en el invierno cosechan en el verano.

El invierno es lo mundano, pero el verano es el otro eon. ¡Sembremos en el invierno en la Tierra para que en el verano haya cosecha!

No debemos rogar a Dios por el invierno, ya que después de éste viene el verano.

Si alguien intenta cosechar en el invierno, no cosechará, sino que solamente arrancará los brotes.

En esas regiones del sur siembran en el invierno, y no en la primavera, como se hace en las regiones frías.

La palabra griega *eones* denota las dimensiones espaciales. Entre éstas están aquellas denominadas como el infierno, el paraíso y la Morada de Dios Padre.

En el «invierno», es decir, mientras estemos en la Tierra, debemos trabajar para estar en la abundancia y el éxtasis de los eones más altos durante el «verano».

8. Quien no actúa así no cosechará. Es más, no solamente no cosechará, sino que también su fuerza será débil en el sábado.

Quien no trabaja para perfeccionarse en el transcurso de su encarnación entera no hallará para sí ningún fruto bueno después de ésta.

Felipe simboliza el período asignado para tal trabajo con las imágenes de un «invierno» y una «semana laboral», después de los cuales llega el tiempo del descanso: el «verano» o el «sábado» (el sábado es un día de descanso entre los judíos).

9. El Cristo vino para «redimir» a algunos, para liberarlos, salvarlos. Él «redimió» a aquellos que eran extraños habiéndolos hecho Suyos.

Después Él apartó del resto a los Suyos, a quienes Él «redimió» por Su voluntad.

Él se predestinó a Sí Mismo (para el camino del servicio abnegado) cuando lo quiso, y no solamente cuando se reveló a las personas, sino que desde el día de la Creación del Mundo, Él se predestinó.

Fue encarnado y cuando lo quiso, se retiró. Estuvo entre los bandidos y fue capturado como un prisionero. Se liberó a Sí Mismo y también salvó a aquellos que tenían fama de buenos y de malos en este mundo.

10. La luz y la oscuridad, la vida y la muerte, lo derecho y lo izquierdo son hermanos uno del otro. Son inseparables (en las personas mundanas). Por eso entre ellas los buenos no son buenos y los malos no son malos, y su vida no es una vida, y su muerte no es una muerte.

Así que cada uno debe empezar por separar todo esto dentro de sí mismo.

En cambio, aquellos que se han desprendido de lo mundano llegan a ser íntegros, eternos.

Quien ha empezado el Camino espiritual debe separar dentro de sí mismo lo verdadero, eterno y valioso para la vida en los eones más altos de lo falso que pertenece sólo a este mundo y después debe cultivar lo primero y deshacerse de lo segundo.

Quienes han cumplido esto totalmente llegan a ser eternos en los eones Divinos.

11. La importancia atribuida a las cosas mundanas es un gran error. Pues éstas distraen los pensamientos de Aquel Que es eterno (y los dirigen) hacia lo perecedero. En este caso aun quien escucha sobre Dios no percibe (detrás de esta palabra) lo Eterno, sino que piensa en lo perecedero. Así mismo, detrás de las palabras «el Padre», «el Hijo», «el Espíritu Santo», «la Vida», «la Luz», «la Resurrección» y «la Iglesia»,

las personas no perciben lo Eterno, sino que piensan en lo perecedero a menos que ya hayan conocido a lo Eterno (mediante la propia experiencia espiritual). Estas palabras sólo engañan a las personas mundanas.

Si tales personas visitaran los eones (Divinos), no usarían estas palabras en medio de las preocupaciones mundanas y las cosas. Pues estos conceptos se relacionan con los eones (Divinos).

Así mismo, en Rusia muchas personas usan la exclamación «¡Señor!» como una palabrota en las mismas situaciones cuando otras personas similares usan el idioma obsceno ruso llamado *mat*.

Otro ejemplo es cuando a Dios Padre, Quien es el Océano Universal de la Conciencia Primordial, Lo dibujan en los iconos como un viejito sentado sobre una nube.

También es poco probable que muchos «pastores» entiendan Quién es el Espíritu Santo, ni que hablar de los parroquianos.

Y la mayoría de los «creyentes», así como los ateos, comprenden la palabra «vida» sólo como una vida en un cuerpo, llorando por aquellos que dejaron sus cuerpos, sintiendo lástima por ellos...

12. El único nombre que no se pronuncia en medio de lo mundano es el nombre con el cual el Padre condecora al Hijo. Este nombre es superior a todo. Éste es el Padre. El Hijo no habría recibido este nombre si no se hubiera convertido en el Padre.

Quienes llevan este nombre lo saben, pero no hablan de esto. Y quienes no lo llevan no se dan cuenta de la existencia de los Primeros.

Las denominaciones aparecieron en este mundo porque es imposible conocer la Verdad sin éstas.

La Verdad es una sola, pero está representada por la Pluralidad[2]. Esto es para nuestro bien: para llevarnos al conocimiento del Uno a través del amor a la Pluralidad.

Las personas que no han conocido al Padre personalmente no son capaces de ver y reconocer al Hijo. Si el Hijo intenta decirles sobre Su consustancialidad con el Padre, estas personas solamente se encolerizarán.

13. Los gobernantes terrenales querían engañar a la gente, porque entendían que las personas tienen la misma procedencia que los verdaderamente dignos. Estos gobernantes terrenales tomaron nombres elevados y denominaron con éstos a las cosas malas con el fin de engañar así a la gente y atarlas a lo malo. Y ahora aquellos gobernantes terrenales sugieren a las personas apartarse de lo «malo» y aferrarse a lo «bueno», a aquellas personas que tienen relaciones con ellos. Estos gobernantes terrenales tratan de hacer de las personas anteriormente libres esclavos para siempre.

14. Hay fuerzas que le dan (poder) al hombre, sin desear salvarlo. Lo hacen (para someterlo).

El hombre, deseando salvarse, realizaba los sacrificios. Pero si es una persona razonable, (entonces entiende claramente que los sacrificios) no son necesarios y que los animales no deben ser sacrificados a los «dioses». De hecho, quienes sacrificaban a los

---

[2] Se trata del *Unido Nosotros,* Que es la Totalidad de Todos Los Perfectos Que se ha unido con la Conciencia Primordial y Que representan Su Esencia.

animales eran similares a estos animales (por su nivel de desarrollo).

Durante los sacrificios, (los animales eran sacrificados a los «dioses»). Aunque eran sacrificados vivos, luego morían.

En cambio, cuando el hombre se sacrifica a Dios estando muerto, (verdaderamente) vivirá.

Aquí el último párrafo merece ser comentado.

El hecho es que el hombre no es un cuerpo. Es una conciencia, un alma. Por eso no es correcto decir que está muerto si su cuerpo se ha muerto. Lo que murió es el cuerpo, pero no el hombre.

Con todo, el hombre mismo también puede morir como un alma, es decir, puede padecer una muerte espiritual. De esto Jesús hablaba cuando dijo: «Sígueme y deja que los muertos entierren a sus muertos» (Mateo 8:22; Lucas 9:60).

No obstante, en esta parte de Su Evangelio, Felipe habla de otra «muerte»: la muerte del «yo» inferior del hombre. Esto implica que él o ella realiza su *Yo Superior,* lo que se logra a través de la Unión de la conciencia desarrollada con el Creador. Aquel Que ha logrado esto obtiene la Vida Eterna en la Morada del Creador en la Unión con Él.

15. Antes del advenimiento del Cristo no había alimento Celestial. Todo era como en el paraíso en el tiempo de Adán: había muchos árboles, comida para los animales, pero no había trigo, comida para los humanos. Por eso ellos se alimentaban como animales.

Sin embargo, cuando el Cristo —el Hombre Perfecto— viene, trae el alimento del Cielo para que las personas se alimenten de la comida humana.

Las personas sin el conocimiento verdadero sobre su predestinación y sobre el Camino viven una vida comparable con la de los animales. Pero Dios, a través del Cristo, les da el alimento espiritual digno de ellos.

16. Los gobernantes terrenales pensaron que lo que habían hecho lo habían hecho con su propio poder y por su voluntad. Pero, en realidad, fue el Espíritu Santo Quien actuaba en secreto a través de ellos haciéndolo todo como lo consideraba apropiado.

También Ellos siembran por todas partes el verdadero conocimiento que existe eternamente. Muchas personas ven ese conocimiento, pero sólo unos pocos se acuerdan de éste cuando llega la cosecha.

El Espíritu Santo dirige las acciones de las personas cuando es necesario, pero ellas, normalmente, no lo sospechan.

Entre otras cosas, Él crea —a través de las personas viciosas— las dificultades para nosotros en forma de tentaciones y seducciones, tales como las doctrinas falsas, por ejemplo. Esto se hace para acelerar nuestro desarrollo intelectual. Pues nosotros fuimos enviados aquí para aprender, y no simplemente para vivir.

El significado de nuestras vidas en la Tierra consiste en nuestro autoperfeccionamiento, el cual debe encaminarse en tres direcciones principales: la intelectual, la ética y la psicoenergética. Y Dios es nuestro Maestro.

Los discípulos aplicados, después de terminar esta Escuela, son invitados por el Padre, si llegaron a ser dignos de esto, a Su Morada para unirse con Él allí para siempre.

En cambio, los discípulos inaplicados se quedan como los «repetidores» eternos, los esclavos de este mundo.

El tiempo de la «cosecha» es el «fin del mundo». La Escuela se cierra, los discípulos dignos se trasladan a la Morada de Dios Padre enriqueciéndolo con Ellos Mismos, y el destino del resto es la «oscuridad exterior»: la destrucción, la muerte de las almas.

También merece ser comentado el uso del pronombre «Ellos» en este fragmento para referirse al Espíritu Santo. No es un error, ya que el Espíritu Santo es, de hecho, la totalidad de las numerosas ex personas que obtuvieron en su autoperfeccionamiento el derecho de estar en los eones Superiores.

17. Algunos decían que María había concebido del Espíritu Santo. Están en un error. No entienden lo que dicen. ¿Cuándo ha sucedido que una mujer concibe de otra mujer?

María, al mismo tiempo, es también la castidad que no fue profanada por la violencia.

Ella es una gran tentación para los judíos, tanto para aquellos que predican como para aquellos que escuchan sus prédicas.

Su castidad, que no fue profanada por la violencia, es pura. Los que se profanaron a sí mismos (a través de sus fantasías) son los poderosos.

El Señor (Jesús el Cristo) no habría dicho: «Mi Padre Que está en el Cielo» si no hubiera tenido otro padre. Él simplemente habría dicho: «Mi padre».

En el idioma en el que fue escrito el Evangelio, el Espíritu Santo es de género femenino. Esto fue la razón de la ironía de Felipe al principio del fragmento.

18. El Señor dijo a los discípulos: «Entren en la Casa del Padre, pero no tomen nada en la Casa del Padre ni lleven nada afuera».

La segunda parte de esta frase es una broma de Jesús. Pues en «la Casa del Padre» —el eon más alto— no hay objetos materiales que puedan ser llevados afuera como en la casa de un padre terrenal.

Entrar en la Morada del Padre Celestial y establecerse allí para siempre es la Meta de la evolución de cada persona.

19. Jesús es un nombre humano. El Cristo es un título. Por eso el nombre Jesús no tiene análogos en otros idiomas; simplemente Le nombraron Jesús.

Cristo en siríaco suena como Mesías. Cristo es una palabra griega. Todos los otros idiomas también tienen esta palabra según su propia pronunciación.

El Nazareno significa «Aquel Que vino de la Verdad».

Cristo no es el apellido de Jesús, como muchos creyentes en Rusia piensan. Cristo es Aquel Que alcanzó la Morada de Dios Padre, se convirtió en una Parte de Él y luego vino a la Tierra como un Maestro Divino manteniendo Su consustancialidad con el Padre.

Cristo, Mesías o Avatar no son nada más que expresiones diferentes, provenientes de distintos idiomas, para el mismo fenómeno.

Existió un solo Jesús el Cristo, pero hubo muchos Cristos durante toda la historia de la humanidad. Jesús fue el único y el primer Cristo solamente para aquellas personas con quienes Él se comunicó directamente durante Su vida terrenal.

20. El Cristo tiene dentro de Sí y lo humano, y lo angélico, y algo aún más misterioso, y al Padre.

En el Evangelio de Juan, Jesús se compara con una vid cuyo tronco está sobre la superficie de la Tierra, mientras que su raíz está en la Morada de Dios Padre. Permaneciendo como una Conciencia por todas partes, Él puede hablar a las personas sobre los eones más altos de una manera cierta y representar para ellas a Dios Padre en el mundo material.

21. Quienes dicen que el Señor primero murió y luego resucitó están en un error. Pues Él resucitó primero y luego (Su cuerpo) murió.

Si alguien ha alcanzado la Resurrección, no morirá. Pues Dios está vivo y siempre lo estará.

La verdadera Resurrección es la Resurrección en los eones más altos, y no en el mundo material. Jesús la había alcanzado mucho tiempo antes y luego vino a la Tierra siendo una Parte de Dios Padre.

Quien ha recorrido el Camino hasta la Unión con Dios Padre ha alcanzado la verdadera Inmortalidad. Al dejar el cuerpo al momento de su muerte, tal Persona enseguida resucita en el eon del Padre en la Unión con Él.

Con todo, Jesús «resucitó» varias veces para las personas encarnadas también en este mundo, materializando Su nuevo cuerpo en cada uno de estos casos. Su Poder Divino Le permitió hacerlo.

22. No se esconde algo muy valioso en un recipiente grande, sino que, por el contrario, los tesoros incalculables se guardan a menudo en un recipiente que vale un assarion[3]. Lo mismo sucede con el alma: siendo un gran tesoro, está puesta en un cuerpo despreciable.

Tanto los ateos como la mayoría de aquellos que se llaman cristianos creen que el hombre es un cuerpo.

Pero, en realidad, es un alma, una conciencia, mientras que el cuerpo es simplemente su recipiente temporal, dado

---

[3] Una moneda de poco valor (nota del traductor).

al hombre para pasar un curso regular de aprendizaje en la Escuela situada en el mundo de la materia.

Los estados encarnados de las personas son, normalmente, las partes más cortas de sus vidas en comparación con los estados no encarnados.

No obstante, el desarrollo del hombre puede tener lugar sólo en un estado encarnado. Es por eso que se necesitan encarnaciones, es por eso que Dios crea los mundos materiales.

El hecho es que el cuerpo es una «fábrica» para la transformación de la energía. Dentro del cuerpo, la energía que fue extraída, en primer lugar, de la comida ordinaria puede ser transformada en la energía de la conciencia o alma y, gracias a esto, los procesos del crecimiento cualitativo y cuantitativo de la conciencia pueden tener lugar.

23. Existen personas que tienen miedo de resucitar desnudas. Es porque ellas desean resucitar en la carne. Ellas no entienden que quienes llevan la carne están realmente desnudos (delante de los espíritus y Dios).

En cambio, aquellos que se desnudan (de la carne) para estar desnudos (es decir, ser almas «desnudas») ya no están desnudos.

Ni carne ni sangre pueden entrar en la Morada de Dios.

Entonces, ¿qué es lo que no entrará? Es lo que llevamos encima.

¿Y qué es lo que entrará? Es lo que pertenece en nosotros a Jesús y a Su Sangre.

Por eso Él decía: «Quien no coma Mi Carne y no beba Mi Sangre no tendrá dentro de sí la vida (verdadera)».

¿Qué es Su Carne? Es el Logos y Su Sangre es el Espíritu Santo. Aquel que ha recibido Esto tiene el alimento, la bebida y la veste verdaderos. Y no estoy de acuerdo con aquellos que dicen que esta Carne no resucitará.

De esta forma las personas se enredaron. Si tú dices que la Carne no resucitará, dime entonces, para poder respetarte por tu razón, ¿qué es lo que resucitará?

Di, más bien, que el Espíritu es esta Carne, la Luz es esta Carne y el Logos también es esta Carne. Así que todo lo que has nombrado es esta Carne. Y es necesario resucitar en esta Carne, pues todo está en Ella.

En este fragmento Felipe usa un «juego de palabras», típico de Su Evangelio, como una técnica para estimular la actividad mental del lector.

El fragmento empieza con el tema del miedo a resucitar desnudo. Felipe ridiculiza tal pudor. Pues la vergüenza de la desnudez del propio cuerpo no es una ley ética objetivamente significativa, sino, simplemente, una norma moral de ciertos grupos de personas encarnadas en la Tierra. Tales «normas de conducta» no existen en los eones más altos.

Las Conciencias individuales en la Morada del Creador permanecen en el estado de disolución las Unas en las Otras formando un Todo, aunque también pueden separarse para cumplir alguna tarea en la Creación.

Los espíritus mantienen su individualidad, así como su apariencia y sus inclinaciones que tenían en sus últimas vidas encarnadas, pero también pueden transformarse en una simple condensación amorfa de energía o asumir apariencia ajena por algún tiempo durante los contactos con las personas encarnadas.

Dios y los espíritus oyen no sólo las palabras pronunciadas por nosotros, sino también nuestros pensamientos, incluso los más «secretos».

Ellos, además, ven en detalle todo lo que existe en el mundo material. No solamente nuestros cuerpos, los que escondemos debajo de la ropa, sino que incluso sus intestinos están absolutamente abiertos a la mirada de cualquier ser no encarnado.

No obstante, las personas encarnadas, normalmente, no lo saben ni lo notan, y aun si lo supieran y lo notaran, no tendrían las posibilidades de ocultar su desnudez. Estamos desnudos delante del Océano entero de la Conciencia universal no encarnada y delante de muchas conciencias individuales. Estamos a la vista de todos. Ellos nos examinan, admirando o compadeciendo, respetando o burlándose, amando u odiando, despreciando, saboreando anticipadamente nuestros sufrimientos futuros… Sin embargo, nosotros no lo sabemos, y aun si lo supiéramos, no hay lugar adonde ir ni donde esconderse.

Luego Felipe pasa a examinar lo que Jesús llamó alegóricamente Su Carne y Sangre.

Jesús-«Vid», encarnándose en un cuerpo, «se estiró», como una Conciencia, desde el eon de Dios Padre hasta el mundo de la materia. Él explicaba a Sus discípulos que para ellos el Camino hacia Dios Padre consiste en transformarse en «Vides» similares, pero ellos deben crecer en la dirección opuesta (en comparación con Jesús), es decir, no desde Dios Padre hacia la materia, sino desde la materia hacia Dios Padre.

Quien alcanza con sus «raíces» a la Morada Paterna y se une con Él allí en Amor se convierte con el tiempo en un Cristo.

Para recorrer este Camino, el practicante debe «comer» aquel «alimento» que proviene de los eones del Espíritu Santo y de Dios Padre. Este es el «alimento» del conocimiento Divino y el Logos (Aquel Que habla) es Quien trae este conocimiento.

La persona que nace en los eones más altos durante su vida en el cuerpo material y desarrolla allí su «Carne» Divina es un verdadero seguidor del Cristo, un verdadero cristiano que se está convirtiéndose en un Cristo. Después de la muerte de su cuerpo, tal Persona, en verdad, resucita. Él o Ella ya ha alcanzado la Inmortalidad y seguramente no perecerá aun durante el «fin del mundo».

24. En este mundo las personas destacan su estatus en la sociedad con sus vestidos.

En cambio, en el Reino de los Cielos Aquellos Que se han vestido con el Flujo y Fuego y Que se han purificado tienen los vestidos de los escogidos.

El Flujo es el movimiento de la Conciencia del Espíritu Santo. Aquellos que han entrado en Sus eones asocian este movimiento con la sumersión en un río cósmico de la Conciencia Divina Viva. Dos variantes de esta meditación se llaman Latihan y Pranava (ver más detalles en [1]). Esto es el bautismo verdadero en el Espíritu Santo. Como vemos, éste no se parece de ninguna manera a aquello que es comprendido como el bautismo en diversas sectas.

El Espíritu Santo impregna Consigo Mismo todos los estratos de la Creación multidimensional. Su Manifestación sobre la superficie de la Tierra puede asociarse con el Flujo. Su Manifestación dentro del planeta es designada por Felipe como la Luz. Su Otra Manifestación es el Fuego. Y la Luz Perfecta es Dios Padre en Su Morada o *Cámara Nupcial.*

El bautismo realizado sucesivamente en cada uno de estos estratos permite purificar y refinar cada vez más al practicante espiritual como conciencia.

25. Normalmente, las cosas manifestadas se conocen a través de las cosas manifestadas y las cosas secretas, a través de las secretas. Sin embargo, en algunos casos, las imágenes de las cosas manifestadas se usan para simbolizar lo secreto.

Así aparece la imagen del agua en el Flujo y la imagen del fuego al recibir la bendición (de Dios Padre).

26. Jesús conquistaba los corazones de las personas sin revelar Su Esencia. Ante cada uno Él se revelaba en el grado que aquella persona pudiera comprender. Lo hacía de la siguiente manera: ante los grandes Él se presentaba como grande; ante los pequeños, como pequeño; ante los ángeles, como un ángel y ante los humanos, como un humano. Al mismo tiempo, Su Divinidad estaba oculta a todos. Algunos, viéndolo, pensaban que estaban viendo simplemente a una persona igual a ellos.

Pero cuando Él se reveló ante Sus discípulos en toda Su gloria en la montaña, en aquel momento Él no era pequeño, sino verdaderamente Grande. No obstante, antes de esto Él había hecho a Sus discípulos lo suficientemente grandes como para que pudieran ver Su Grandeza.

En aquel día, agradeciendo al Padre, Él dijo: «¡Oh Aquel Que unió Su Perfección y Luz con el Espíritu Santo, únenos también con las imágenes de los ángeles!».

Lo último que dijo Jesús es un «juego de palabras» gracioso. Su significado es: «¡Haz que los discípulos, por fin, se parezcan a los ángeles!». Detrás de estas palabras de Jesús está Su aflicción por el hecho de que muchos de Sus discípulos, aun los más íntimos, no podían comprenderlo.

El asunto es que la facultad de comprender la información de diferentes niveles de complejidad depende de la edad del alma (y, en un grado menor, de la edad del cuerpo, de la naturaleza de la educación, etc.). Las almas, pues, maduran durante muchas encarnaciones, sobre lo cual también hablaron Jesús y Sus Apóstoles. Por eso las almas encarnadas por Dios en los cuerpos humanos tienen edades muy diferentes que no se relacionan con las edades de sus cuerpos. Esta es una de las peculiaridades del desarrollo de los seres humanos.

Por lo tanto, la sabiduría de un maestro se manifiesta, entre otras cosas, en ayudar a cada persona concreta considerando sus particularidades relacionadas con la edad y su capacidad de percepción, evitando, entre otras cosas, darle información de una complejidad superior a sus fuerzas.

El Camino espiritual es como una escalera que consiste de muchos escalones, y es necesario ayudar a un discípulo a subir al escalón que le corresponde en vez de proponerle saltar tramos de la escalera.

27. No menosprecien al Cordero, ya que sin Él es imposible ver la Puerta.
Y nadie podrá llegar al Rey permaneciendo «desnudo».

El «Cordero sacrificial» es Jesús, Quien se entregó a una muerte dolorosa a través de la crucifixión para que el conocimiento dejado por Él salvara a las personas del infierno.

La segunda frase de este fragmento es la continuación de los pensamientos del fragmento 23. Una persona «desnuda» es aquella que se pavonea en la superficie de la Tierra en su cuerpo material, identificándose con éste y pensando que lo que hace en secreto será un secreto para todos. Sin embargo, él o ella está realmente a la vista de todos los espíritus y de Dios. De hecho, su comportamiento es tan irrisorio como el de alguien que se encuentra desnudo en medio de otras personas encarnadas extrañas sin estar consciente de su propia desnudez.

No obstante, es imposible visitar al Rey —a Dios Padre— permaneciendo en un cuerpo y considerándose como un cuerpo. Es posible llegar al Rey sólo a condición de no percibirse como un cuerpo, después de haberse vuelto de hecho independiente de éste mediante los entrenamientos meditativos. Los escalones de las prácticas de meditación (la meditación es el trabajo para el desarrollo de la conciencia) son los que, en realidad, nos permiten recibir los bautismos verdaderos, y no los «de juguete», así como nacer y madurar en nuevos eones.

28. El Hombre Celestial tiene muchos más Hijos que un hombre terrenal. ¡Si los hijos de Adán son numerosos a pesar de que mueren, cuánto más numerosos son los Hijos del Hombre Perfecto, Hijos Que no mueren y Que se multiplican cada vez más!

El Hombre Perfecto es el Cristo. Sus Enseñanzas —a precio de Su muerte en la cruz y de las obras de los Apóstoles— permanecen en la Tierra y siguen engendrando nuevos Hijos espirituales Que logran la Inmortalidad en la Morada del Padre.

29. El Padre creó al Hijo, pero el Hijo no puede crear a un hijo, ya que Quien fue engendrado de esta manera (por el Padre) no puede engendrar. El Hijo crea a los hermanos para Sí, pero no a los hijos.

La reproducción terrenal no atrae a un Hijo de Dios. Por eso tal Persona no engendra a los hijos terrenales, sino a los espirituales, los hermanos y las hermanas.

30. El texto original está dañado en este lugar.

31. Hay personas que reciben su alimento de la boca de la cual sale la palabra de Dios. Si uno se alimenta así, puede llegar a ser Perfecto.

Los Perfectos pueden concebirse de un beso y nacer así.

Por eso nosotros también nos besamos unos a otros concibiéndonos a partir de la gracia que está en cada uno de nosotros.

Un Maestro Perfecto alimenta a Sus discípulos con la palabra de Dios a través de Su boca, y esto puede llevarlos a la Perfección.

Los discípulos maduros, preparados por sus encarnaciones anteriores, pueden ser estimulados por el Amor del Maestro para que avancen más en el Camino espiritual y luego nazcan en los eones más altos.

La predominancia de las emociones de amor tierno ayuda a los discípulos en su trabajo espiritual, apoyándoles, inspirándoles y llenándoles de poder.

32. Tres caminaban todo el tiempo con el Señor: María, Su madre, Su hermana y María Magdalena, quien fue llamada Su compañera. Así había tres Marías: Su madre, Su hermana y Su compañera.

33. El Padre y el Hijo son denominaciones simples.

En cambio, el Espíritu Santo es una denominación Doble[4], ya que Ellos están por todas partes: están arriba y abajo, están en el espacio oculto y en (el espacio) abierto.

Al mismo tiempo, el Espíritu Santo está abierto abajo y oculto arriba.

Los Espíritus Santos, Quienes dimanan de la Morada de Dios Padre, están presentes en Sus diferentes estados sobre la superficie de la Tierra («espacio abierto») y dentro de nuestro planeta («espacio oculto»).

Ellos pueden ser vistos por un practicante espiritual debajo de la superficie de la Tierra, pero, al mismo tiempo, pue-

---

[4] Es decir, el término «Espíritu Santo» puede ser usado tanto para denominar a las Individualidades Divinas concretas (o los Representantes del Creador) como para denominarlos a Todos Ellos colectivamente.

den ser invisibles para una persona de este mundo sobre esta misma superficie.

34. A los santos incluso los poderes malignos les sirven. Estos poderes son cegados por el Espíritu Santo y por eso piensan que sirven a sus hombres, mientras que, en realidad, trabajan para los santos.

Una vez un discípulo preguntó al Señor sobre algo que se relacionaba con lo mundano. El Señor le contestó: «Pregunta a tu madre. Que ella te dé lo que es ajeno a Mí».

Cuanto más groseras por su naturaleza energética son las conciencias individuales, ellas viven durante su estado no encarnado en los eones más groseros y más lejanos de Dios Padre. Tales conciencias tampoco pueden entrar en las moradas de la conciencia más perfecta y no ven a aquellos que viven en los eones más cercanos al Padre.

En cambio, los seres más evolucionados del mundo espiritual no sólo pueden entrar en los eones más groseros, sino también controlar a sus habitantes, y los últimos a veces ni siquiera se dan cuenta de esto.

Dios, personalmente o a través de los espíritus dignos, controla a todos los otros espíritus y a las personas encarnadas, incluyendo las más primitivas, y los utiliza para hacer razonar a otras personas (tanto pecadoras como virtuosas) cuando es necesario, por ejemplo, corregirlas, cambiar su rumbo de vida, etc.

35. Los apóstoles dijeron a sus discípulos: «Que todos nuestros regalos a las personas contengan sal». Ellos llamaron «sal» a la sabiduría. Sin ésta, no se debe regalar.

Los apóstoles exhortaban a sus discípulos no sólo a re-galar, por ejemplo, sanando a los enfermos, sino también a acompañar el regalo con una prédica del Camino hacia la Perfección. Sin esto, una persona espiritual no debe regalar, porque tales regalos no beneficiarán a sus receptores.

36. Pero la sabiduría no puede ser válida sin el Hijo...
Luego el texto está dañado en este fragmento.

La sabiduría verdadera puede venir sólo de Dios Padre y su Portador más perfecto es el Hijo-Cristo.

37. Lo que el Padre tiene pertenece también al Hijo. Sin embargo, mientras el Hijo es pequeño, el Padre no Le confía lo que Le pertenece. En cambio, cuando madura, Su Padre Le da todo lo Suyo.

El Cristo Que todavía tiene el cuerpo de un niño no pue-de manifestar todas Sus facultades Divinas. Éstas se Le con-fieren a medida que Su cuerpo terrenal crece.

38. Aquellas personas que se desvían, también fueron engendradas en la Tierra por la Voluntad del Espíritu de Dios, y ellas se desvían por Su Voluntad también. De esta manera por el mismo Espíritu los candiles se encienden y se apagan.

Primero, Dios Mismo pone los obstáculos en el Camino hacia Él, ya que la lucha con éstos nos desarrolla. Sólo las per-sonas dignas, esto es, aquellas que son bastante maduras, pue-den superar esos obstáculos.

Segundo, Dios posee todo el Poder y la Autoridad para no permitir a los indignos acercarse a Su eon. Por eso ninguna persona puede entrar en la Morada del Padre sin Su Voluntad.

El hecho de ser digno es determinado por los índices éticos e intelectuales que están estrechamente relacionados, así como por el grado de refinación de la conciencia.

39. Existe la sabiduría simple, pero también existe la sabiduría consagrada por la muerte. Ésta ha conocido la muerte. En cambio, la sabiduría que no ha conocido la muerte es la sabiduría pequeña.

La mayoría de las personas viven en la Tierra sin pensar en que nuestra posibilidad de cambiar significativamente nuestros destinos para los centenares de años por venir (aquellos que normalmente transcurren entre las encarnaciones) y para la encarnación siguiente (si es que ésta va a tener lugar) es limitada en el tiempo. Luego será tarde incluso para soñar sobre tal cambio.

Por el contario, si una persona vive acordándose de su futura desencarnación, esto le apresura en el Camino espiritual permitiéndole comprender impecablemente lo que hay que hacer y lo que no ante el rostro de la muerte inminente.

La decisión más radical y eficaz de un practicante espiritual, para quien el conocimiento sobre la muerte se ha convertido en un aliado, es aprender a controlar la muerte de su propio cuerpo a través de adquirir la facultad de desmaterializarlo.

Si tal persona también ha pasado a través de una muerte clínica real y ha estado en el «otro mundo» sin ningún impedimento por parte de su envoltura material, esto enriquece considerablemente su experiencia meditativa y le da el conocimiento fiable sobre la vida allí y sobre lo que le queda por hacer para poder cumplir con todo.

40. Hay animales fieles al hombre, por ejemplo, la vaca, el asno y otros. Existen también aquellos que no son fieles y que viven sin el hombre en el desierto.

El hombre ara en el campo con la ayuda de los animales fieles. Gracias a esto, se provee de alimento tanto a sí mismo como a los animales fieles, pero no provee a los infieles.

Así mismo el Hombre Perfecto trabaja con la ayuda de los fieles a Él y prepara todo lo necesario para la vida de ellos. Gracias a esto, todo, lo bueno y lo malo, la derecha y la izquierda, se encuentra en su lugar.

No obstante, el Espíritu Santo se preocupa por todos y controla a todos: a los fieles a Él, a los hostiles y a los indiferentes. Así Él los une y los separa para que todos ellos obtengan el poder cuando Él lo considere necesario.

El Espíritu Santo, Quien actúa desde la Morada del Padre, es el Administrador Principal de los destinos de las personas encarnadas. Para la realización de sus destinos, Él dirige sus pensamientos y deseos, e incluso controla el cumplimiento de unos u otros actos suyos organizando de esta manera los encuentros entre las personas. Así Él une a los discípulos con sus maestros, a los delincuentes con sus víctimas, a aquellos que buscan un compañero sexual con un compañero futuro y así sucesivamente. También Él separa a las personas usando los mismos métodos cuando sus relaciones se vuelven innecesarias desde el punto de vista de su progreso espiritual.

Él controla a los fieles y a los infieles a Él, a los buenos y a los malos, a aquellos que Le conocen y a aquellos que no.

Con todo, el aprendizaje con Él será más fácil, más agradable y más eficaz para nosotros si nos convertimos en discípulos que Le aman a Él y a Dios Padre.

Claro está que un Perfecto Maestro encarnado es más conveniente para los discípulos, porque habla con ellos en un lenguaje más entendible. Por otro lado, Su Misión terrenal es más difícil, ya que, habiendo encarnando en un infierno terrenal, el Maestro se convierte en un blanco para las numerosas personas primitivas. Por consiguiente, Su Encarnación voluntaria es una manifestación de Su Gran Amor Sacrificial.

Por razones entendibles, tal Maestro enseña directamente sólo a los discípulos fieles.

41. El texto original está dañado en este lugar.

42. Primero se comete un adulterio y después un asesino nace de éste. Ese asesino había sido el hijo de un diablo antes, por eso ahora también se vuelve un asesino de las personas y asesina a sus hermanos.

Cualquier unión (sexual) entre personas disímiles es un adulterio.

El adulterio es una unión sexual entre personas, inapropiada desde el punto de vista de Dios. ¡Este concepto no tiene nada que ver con el significado que le dan los «pastores» para intimidar a su rebaño, «pastores» que intentan controlar los destinos de las personas en el nombre de Dios aunque Él no les haya encargado esto!

Con todo, Dios tiene un concepto del adulterio e incluso puede castigar por cometerlo, como hemos leído en este fragmento, a través de encarnar un alma diabólica en el cuerpo del niño que nació de este adulterio y también a través del nacimiento de niños deformes, subnormales, etc.

Dios no está en contra del sexo en general. Pues Él Mismo fue Quien creó a las personas de tal manera que la población de los cuerpos humanos en la Tierra se mantenga mediante el sexo. Además, a través de las interacciones sexuales, las personas pueden aprender —bajo la guía del Espíritu Santo— cómo ellas deben ser y cómo no. Las relaciones sexuales entre las personas es una excelente oportunidad para Dios de enseñarnos el amor, la sabiduría y el poder.

Los principios generales de conducta correcta en la esfera de estas relaciones son:

— renunciar al egoísmo, tener tacto, actuar no para sí, sino para el bien del compañero, para alcanzar la armonía mutua,

— renunciar a la grosería en emociones, palabras y actos, tratar de cultivar la ternura sutil —una emoción muy valiosa en el Camino hacia la Perfección— dentro de sí mismo y darla al amado.

¿Puede uno cambiar de compañero o debe vivir con uno solo a toda costa durante la encarnación entera? ¡Claro que puede! Ya que cambiando a los compañeros, podemos aprender mucho más en el arte de regalar nuestro amor, aunque no debemos olvidar en este caso que el nacimiento de los niños impone indudablemente obligaciones respectivas a ambos padres. También si uno se obsesiona por buscar placer sexual olvidándose de todo lo demás, esto será un pecado de adulterio, y Dios puede señalar este error, por ejemplo, con las enfermedades venéreas.

Sin embargo, el segundo párrafo de este fragmento implica otro tipo de adulterio que se relaciona, en primer lugar, con las personas que ya han empezado a recorrer el Camino espiritual.

Se trata de la adecuación del compañero. Un compañero adecuado no es sólo aquel que nos gusta, quien está dispuesto y con quien todo va bien (aunque todo esto también tiene importancia). Un compañero adecuado debe ser necesariamente el compañero de viaje más cercano en el Camino hacia Dios Padre y una persona de ideas afines al cien por ciento.

En cambio, si entre los compañeros hay una gran diferencia en las edades de las almas, en el grado de la refinación energética de sus organismos y en la sutileza de las conciencias, si uno de ellos no es firme en la nutrición «sin matanza»[5] (el tipo de nutrición únicamente correcto desde el punto de vista ético y bioenergético), entonces tales relaciones se convertirán en un serio obstáculo para el otro compañero más fiel y más cercano a Dios y esto será, desde el punto de vista del Creador, un adulterio, es decir, un acto inadmisible y punible.

---

[5] La nutrición vegetariana (nota del traductor).

43. Dios es como un tintorero. Al igual que las tintas buenas, llamadas resistentes, se mueren sólo con las cosas teñidas por éstas, lo mismo pasa cuando trabaja Dios. Pues no se descoloran Sus tintas, porque son inmortales gracias a Su trabajo de «tintorero».

Dios bautiza a quienes Él bautiza en el Flujo.

El primer bautismo dado por Dios sucede en el Flujo del Espíritu Santo. Dios lo da sólo a los dignos, con la particularidad de que el bautismo los transforma de tal manera que Sus «tintas» nunca se quitan.

44. Es imposible que alguien perciba algo de lo Imperecedero a menos que se haya asemejado a Éste antes.

En el mundo de la Verdadera Vida, todo sucede de forma contraria a como sucede entre las personas mundanas: ellas perciben el sol, aunque no son el sol, perciben el cielo y la tierra y otros objetos sin ser éstos.

En cambio, en *aquel* mundo tú percibes algo y te conviertes en esto. Así, percibes al Espíritu Santo y te conviertes en el Espíritu Santo. Percibes al Cristo y te conviertes en el Cristo. Percibes al Padre y te conviertes en el Padre.

En *aquel* mundo percibes todo, pero no te percibes a ti mismo. Por el contrario, te percibes a ti mismo como Aquel, porque te conviertes en Aquel a Quien percibes.

Felipe comparte algunas de Sus impresiones personales de las meditaciones más altas enseñadas por Jesús; en este caso, se trata de las meditaciones de la Unión con Dios.

45. La fe pide. El amor da.

Es imposible recibir sin fe. Es imposible dar sin amor.

Por eso creemos para pedir y amamos para dar en verdad.

En cambio, si uno da sin amor, no tendrá ningún beneficio de tal acción.

46. Quien todavía no ha recibido al Señor es todavía un judío.

Estas palabras están escritas para los lectores judíos. Su significado es:

Quien ha conocido a Dios deja de percibirse como el representante de una nacionalidad particular, de un grupo religioso o sexual o de cierta edad. Todo esto desaparece y sólo queda la percepción de sí mismo como una conciencia que anhela alcanzar al Amado.

47. Los primeros Apóstoles Lo llamaron así: Jesús Nazareno Mesías, lo que significa Jesús Nazareno Cristo. La última palabra es Cristo, la primera es Jesús y en el medio está Nazareno.

La palabra Mesías tiene dos significados: el Cristo y el Rey. Jesús, en hebreo antiguo, es el Salvador. Nazara es la Verdad. Nazareno es Aquel Que vino de la Verdad.

Así que el Cristo es el Rey y, por consiguiente, Nazareno es el Rey y Jesús es el Rey también.

48. Incuso si una perla fue botada en el barro, no se vuelve despreciable y si uno la frota con un bálsa-

mo, tampoco se vuelve más valiosa. Pero siempre es valiosa para su dueño.

Así mismo es con los Hijos de Dios: dondequiera que estén, siempre son valiosos para Su Padre.

49. Si tú dices: «¡Soy un judío!», nadie se moverá. Si dices: «¡Soy un romano!», nadie se inquietará. Si dices: «¡Soy un griego, un bárbaro, un esclavo, un hombre libre!», nadie se estremecerá. En cambio, si dices: «¡Soy un cristiano!», todos temblarán. ¡Oh, si sólo pudiera recibir este título tan insufrible para los gobernantes terrenales!

50. Dios es el Absorbedor de las personas. Las personas son absorbidas por Él.

Anteriormente las personas sacrificaban animales, pero sus almas no fueron absorbidas por Dios.

El significado de la llamada vida orgánica en la Tierra consiste en el desarrollo de la conciencia que se encarna en sus recipientes: los cuerpos vivos.

Empezando su evolución individual como diminutas formaciones primitivas de energía en la estructura cristalina de los minerales, pasando después a través de muchas encarnaciones en los cuerpos vegetales, animales y humanos, algunas almas finalmente llegan a ser Deiformes y entran en el Creador —la Conciencia Primordial Universal— siendo absorbidas por Ella. Esto constituye Su Evolución y nosotros somos partícipes de ésta.

Es más, en las etapas finales de su evolución personal, el practicante espiritual se sacrifica, de una manera consciente, a sí mismo, a su individualidad, para unirse en el Amor con la Conciencia Primordial. ¡No es nada extraño para tal practicante, ya que está muy enamorado de su Amado Supremo!

Desde lo exterior, este acto puede parecerse a una autodestrucción sacrificial.

En tiempos antiguos, los ecos del deseo de Dios sobre el amor sacrificial llegaban a las masas humanas. Entonces las personas empezaron a matar animales como un sacrificio para Él, comían sus cadáveres y enviaban las almas como una ofrenda para Dios o para los «dioses» inventados.

Jesús el Cristo, entre otros, se oponía a tal primitivismo sugiriendo que las personas renuncien a matar animales como «un sacrificio para Dios» o, simplemente, para comer sus cuerpos.

51. Tanto los vasos de vidrio como los vasos de arcilla son fabricados por medio del fuego. Sin embargo, si los vasos de vidrio se rompen, pueden ser restituidos, porque vienen al mundo por medio de un soplo. Por el contrario, si los vasos de arcilla se rompen, serán botados, porque fueron hechos sin soplo.

Es posible refundir los trozos de vidrio y hacer nuevos vasos. En cambio, los trozos de arcilla cocida sólo pueden ser botados.

He aquí una alegoría sabia.

Tanto los vasos de vidrio como los de arcilla pasan durante su fabricación a través de cierto «bautismo en el fuego».

No obstante, sólo el vidrio pasa a través del «bautismo por medio del soplo» (una analogía con el Flujo del Pranava), la arcilla no. El bautismo en el Pranava debe preceder al bautismo en el *Fuego Divino.* Es por eso que el «bautismo en el fuego» de los artículos de arcilla no puede dar un resultado duradero.

Aquí se trata otra vez de la necesidad objetiva de avanzar gradualmente, por etapas, en el trabajo espiritual. El practicante no debe saltar tramos de la escalera. Es imposible mantenerse en el *Fuego Divino* sin que uno se haya fortalecido en otras variaciones de la Unión con Dios.

52. Un burro, caminando alrededor de una muela de molino, recorrió cien millas caminando.

No obstante, cuando le soltaron, se encontró en el mismo lugar.

Hay hombres que caminan mucho, pero no avanzan. Y cuando la noche cae, ellos no ven ni la ciudad ni el pueblo adonde iban, no han conocido ni la naturaleza de la Creación, ni al Poder (es decir, a Dios Padre), ni aun a los ángeles. En vano estos pobres trabajaron.

Los esfuerzos dan frutos siempre y cuando la Meta y los métodos para su conocimiento estén claros. O es necesario tomar la mano del Maestro y tenerla firmemente (el Maestro, capaz de llevar a la Meta, puede ser sólo Aquel Que La conoce muy bien).

53. ¡Nuestra gratitud a Jesús! En siríaco, Le llaman Farisatha, es decir, Aquel Que permanece por todas partes.

Jesús vino para mostrar en la cruz la crucifixión de aquello que pertenece a este mundo.

Ya hemos discutido que una conciencia individual puede y debe crecer no sólo cualitativamente, sino también cuantitativamente. Una persona ordinaria no es más grande, como conciencia, que el tamaño de su cuerpo. Sin embargo, gracias a los entrenamientos meditativos especiales, puede crecer hasta tamaños comparables con el planeta Tierra y aún más. Sólo después de cumplir esto (a la par de muchas otras cosas), tal persona se vuelve digna de entrar en el eon de Dios Padre.

Jesús había recorrido este Camino mucho antes de Su Encarnación conocida por las personas modernas y, de hecho, se convirtió en Aquel Que permanece por todas partes.

Por ejemplo, Él, permaneciendo en la Tierra, estaba al mismo tiempo en la Morada de Dios Padre.

Jesús también demostró con Su muerte en la cruz y con las apariciones siguientes a Sus discípulos encarnados que la conciencia no muere con el cuerpo y que uno puede sacrificar el cuerpo para llevar a cabo las metas más altas.

54. El Señor entró una vez en la tintorería de Leví, tomó 72 tintes diferentes y los tiró en la tina. Después sacó de allí todas las telas teñidas de blanco y dijo: «Así, en verdad, trabaja el Hijo del Hombre».

Felipe describe uno de los milagros obrados por Jesús. Con éste Él mostró a Sus discípulos uno de los principios del trabajo de un Maestro, a saber, que los discípulos inicialmente muy diferentes («multicolores») deben ser «blanqueados» en la «tina» común de una Escuela espiritual; ellos deben llegar a ser almas blancas como el Fuego Divino.

La expresión «Hijo del Hombre», que Jesús usaba a veces para referirse a Sí Mismo, significa: «Una Parte del Padre encarnada entre las personas en un cuerpo nacido de una mujer».

55. Una mujer que no ha dado a luz a sus hijos puede convertirse en la madre de los ángeles. Tal era María Magdalena, la compañera del Hijo. El Señor la amaba más que a todos los otros discípulos y la besaba a menudo en su boca. El resto de los discípulos, viéndole amando a María, Le dijeron: «¿Por qué la amas más que a todos nosotros?». Contestándoles, Él dijo: «¿Por qué no les amo a ustedes como a ella?».

Este fragmento describe, entre otras cosas, el carácter de las relaciones entre Jesús y Su amada (es decir, la mejor de las discípulas) María Magdalena. Estas relaciones estaban saturadas de una afectividad verdaderamente tierna y cariñosa. A través de esto Jesús daba a Sus discípulos un ejemplo de las relaciones óptimas que debe haber entre las personas cercanas por el trabajo espiritual común, ya que un grupo de discípulos dignos, unidos por las emociones de amor-ternura, trabaja de manera mucho más eficaz. Así también pueden ser las relaciones entre un Maestro y los discípulos.

56. Cuando un ciego y uno que ve están juntos en la oscuridad, ellos no difieren entre sí.

No obstante, cuando la luz llegue, quien ve verá la luz; en cambio, el ciego permanecerá en la oscuridad.

Con la venida de un Maestro de Dios, sólo aquellos que son capaces de ver la Luz Divina se despiertan para la vida espiritual; en cambio, el resto se queda en la oscuridad de su ignorancia.

57. El Señor dijo: «Bienaventurado aquel que había existido verdaderamente antes de nacer (en la Tierra).

»Y aquel que existe verdaderamente ahora, era así y así será».

Jesús habla en este caso sobre la evolución de las unidades de la conciencia.

Las personas psicogenéticamente jóvenes son capaces de llevar sólo una vida instintiva y refleja, similar a la de los animales primitivos.

En cambio, aquellos que son unas conciencias cualitativa y cuantitativamente desarrolladas son capaces de llevar una existencia en verdad consciente, debidamente dirigida y organizada en el Camino hacia la Perfección espiritual, en el Camino hacia el Padre.

Con todo, la maduración de la conciencia es un proceso bastante lento que dura muchas encarnaciones.

Cuanto más maduras son las personas concretas, cometen menos errores y tienen menos posibilidades de «caer» de la escalera de la ascensión espiritual. Justo de esto habla Jesús: primero, para las personas que llegaron a esta vida terrenal siendo conciencias suficientemente maduras, es más fácil vivir. Segundo, si vemos a tal persona, esto significa que estaba preparada para semejante nivel de existencia antes del comienzo de su encarnación.

58. El señorío del hombre es un misterio. Pues es amo de los animales que son más fuertes y más grandes tanto por su apariencia como por su poder. Aun así, el hombre es quien los alimenta. Con todo, si el hombre se aparta de ellos, estos animales empiezan a morderse y a matarse uno al otro. Y se devorarán mutuamente si no encuentran otro alimento para sí.

Pero ahora tendrán comida, ya que el hombre ha cultivado la tierra.

En esta parábola la humanidad en la Tierra, que consiste principalmente de las personas psicogenéticamente jóvenes e inmaduras, se compara con los animales domésticos en la «Hacienda» de Dios, animales que, aunque obedezcan al Amo, se comportan como fieras en las relaciones entre sí cuando se les da la libertad de actuar y, especialmente, cuando les falta la comida.

Debido a que el Hombre-Dios, el Cristo, había dado a las personas el verdadero y eterno alimento espiritual, el autor de esta parábola esperaba que de aquí en adelante todas las personas-fieras fueran alimentadas y dejaran de ser fieras.

59. Si alguien ha sido sumergido en el Flujo, pero sin haber recibido algo en Éste, dice: «¡Soy un cristiano!», entonces es como si tomara este título en préstamo.

Por el contrario, si el bautizado realmente ha recibido el bautismo en el Espíritu Santo, entonces tiene el título de cristiano como un regalo.

A aquel que ha recibido un regalo no se lo quitan; en cambio, a aquel que ha recibido algo en préstamo se lo pueden quitar.

Juan el Bautista realizaba el rito del bautismo de los pecadores arrepentidos a través de la sumersión de sus cuerpos en el agua.

Jesús y los Apóstoles bautizaron con el Espíritu Santo, llamándole a influir sobre los bautizados y a manifestarse para ellos de esta manera. (Prestemos atención al hecho de que esto no es igual al nacimiento en el Espíritu Santo).

El significado esotérico de tal bautismo consiste en permitir a los practicantes principiantes experimentar por primera vez al Espíritu Santo. En el futuro, la memoria de esto podrá inspirarles a dedicar sus vidas a transformarse según este Patrón y a esforzarse para alcanzar la Unión con el Espíritu Santo.

Otras personas, en cambio, sólo por el hecho de participar en el rito del bautismo, durante el cual no recibieron nada, ya asumen el título de cristiano. Si estas personas además no trabajan sobre sí mismas para llegar a ser dignas de este título, serán consideradas como deudores que no han pagado sus deudas a Dios y que han agravando considerablemente sus destinos de esta manera.

60. Similar a esto es el misterio del matrimonio.

Si alguien está en un matrimonio puro, está muy bien, ya que sin esto no encontrará paz.

Pues el hombre es la esencia de todo en la Tierra y su función (terrenal) más importante es el matrimonio.

¡Así que conozcan un matrimonio puro, porque éste posee gran poder!

En cambio, en la forma impura existe sólo su imagen exterior.

Ya hemos analizado que un matrimonio es una excelente oportunidad para el autodesarrollo de las personas que buscan la Verdad.

También hemos analizado qué constituye un adulterio: a) cuando las personas se apasionan demasiado por buscar el placer en detrimento de cumplir sus deberes ante Dios y otras personas y b) cuando en las relaciones sexuales participan personas de niveles muy diferentes de avance espiritual, personas que deben estudiar en la Escuela de Dios bajo programas diferentes, y no bajo los mismos.

Ahora debemos examinar qué es un matrimonio.

Existe la registración estatal de las relaciones matrimoniales. Ésta fija jurídicamente todo aquello relacionado con la propiedad de los esposos y con los derechos de los eventuales hijos. Tal regulación social del matrimonio es completamente justa para la mayoría de las personas llenas de codicia y prestas a cumplir sus obligaciones con los demás sólo a la fuerza de la ley.

Existen también los «matrimonios religiosos». Algunas iglesias se arrogaron el derecho a dar o no el permiso para las relaciones sexuales, supuestamente, en nombre de Dios. ¿Con qué fin? Con el fin de mantener a su «rebaño» sumido en el temor y la obediencia.

Sin embargo, Dios considera como marido y esposa a aquellas personas que han formado una unión espiritual estable, siendo las relaciones sexuales un componente de esta unión. Dios desea manejar estos asuntos de las personas personalmente: a quién unir y con quién, cuándo hacerlo, y a quién separar. Él lo hace muy fácilmente, por ejemplo, regulando las emociones que tienen los compañeros el uno hacia el otro.

Las formas profanadas de las relaciones matrimoniales pueden manifestarse no sólo en los dos tipos del adulterio considerados anteriormente, sino también en las cualidades abominables de uno o de ambos cónyuges, tales como el egoísmo, la crueldad, la arrogancia, la violencia en las relaciones sexuales, la tendencia a ofender e insultar al otro, etc.

61. Entre los espíritus impuros los hay masculinos y femeninos. Los masculinos se esfuerzan por unirse con las almas que habitan en los cuerpos femeninos, y los femeninos, con las almas que habitan en los cuerpos masculinos y que viven solitariamente.

Nadie puede escapar de estos espíritus cuando ellos se apoderan de un alma encarnada, a menos que junten dentro de sí el poder del varón y de la mujer, esto es, en un matrimonio. Así este poder se recibe en un matrimonio, el cual es un prototipo simbólico de la Unión en la *Cámara Nupcial*.

Cuando las mujeres primitivas ven a un varón sentando solo, se lanzan sobre él, coquetean con él y lo profanan. Así mismo los varones primitivos, al divisar a una mujer bonita y solitaria, la molestan, la violan y la profanan.

Sin embargo, si tales personas ven a un marido y una esposa juntos, no se acercarán.

De la misma manera, si una persona (como una conciencia) se une con un ángel, entonces ningún espíritu impuro se atreve a acercarse a tal varón o mujer.

Quien ha salido del mundo, ya no puede ser atrapado (por éste), como aquel que (todavía) permanece en el mundo. Esta persona se encuentra por encima de la pasión (…) y del miedo. Es ahora el amo de su propia naturaleza y está por encima de los deseos terrenales.

(…) A veces sucede que encuentran a una persona solitaria, la agarran y la torturan (…) ¿Y cómo esta persona puede escapar siendo dominada por sus propios deseos y el miedo? ¿Dónde puede esconderse de ellos? (…)

Con frecuencia vienen algunos y dicen: «¡Nosotros somos creyentes!» para liberarse de los espíritus impuros y demonios. ¡Pero si ellos hubieran tenido al Espíritu Santo, ningún espíritu impuro se les habría adherido!

En este largo fragmento, escrito en forma de parábola-alegoría, peculiar también de Jesús, Felipe lleva al lector a la idea de la Unión en la *Cámara Nupcial* entre el practicante (como una conciencia) y Dios Padre. Esto se parece a lo que sucede en un matrimonio armonioso entre las personas. Tal Unión proporciona la protección completa de los espíritus impuros.

En las etapas más tempranas del Camino hacia Dios Padre, un practicante obtiene tal protección a través de la unión real de la conciencia con el Espíritu Santo o, simplemente, con un espíritu-ángel puro.

62. No temas a la carne, ni la ames.
Si la temes, se hará tu amo.
Si la amas, te devorará y te subyugará.

Cada uno puede resolver este problema radicalmente sólo a través de dirigir su atención hacia la Meta Más Alta: Dios Padre.

63. ¡O vivir en el mundo material o resucitar en los eones más altos! ¡Pero que no ocurra que me encuentre *afuera!*

En este mundo, hay lo bueno y lo malo. Por otra parte, lo que es considerado aquí como bueno, de hecho, no es bueno. Y lo que es considerado como malo, de hecho, no es malo.

¡En realidad, lo malo existe fuera del mundo de la materia! Es lo que está *afuera*. Allí está la perdición.

Mientras estemos en este mundo, debemos obtener la Resurrección para que, una vez que depongamos la carne, nos hallemos en la Tranquilidad y no vaguemos *afuera*.

Sin embargo, muchos se desvían del Camino.

¡Es bueno salir de este mundo sin cometer pecados!

64. Hay personas que ni desean ni pueden trabajar (sobre sí mismos).

Otros, aunque lo desean y pueden, no lo hacen. Por eso no tendrán ningún beneficio de tal deseo. Esto sólo los convierte en pecadores.

En cambio, si pueden, pero no lo desean, recibirán lo suyo de acuerdo con la justicia, tanto por la carencia del deseo como por la carencia de las acciones.

65. El texto original está dañado en este lugar.

66. El comienzo de este fragmento está dañado en el texto original.

(…) No estoy hablando de un fuego que no tiene ninguna manifestación (es decir, de un fuego simbólico, mítico), sino de uno real, Que es blanco, Que derrama una Luz hermosa y Que trae la Verdad.

Aquí se trata de una manifestación de Dios en forma del *Fuego Divino*. Es bastante real, pero puede verse sólo con los ojos de la conciencia desarrollada, y no con los ojos corporales.

67. La Verdad no viene a este mundo en una forma pura, sino en símbolos e imágenes. Es imposible transmitirla de otra manera.

Así, existe el nacimiento (en los eones más altos) y su imagen simbólica (el nacimiento terrenal), y uno debe reconstituir la Verdad a través de esta imagen.

¿O cómo es la Resurrección en realidad?

De esta manera, imagen tras imagen, el hombre resucita.

Así es con la *Cámara Nupcial:* imagen tras imagen, y llega la Verdad que es la Unión.

No digo esto para aquellos que están simplemente interesados en las palabras «el Padre, el Hijo y el Espíritu Santo», sino para aquellos que Los encuentran verdaderamente para sí mismos.

Por el contrario, si alguien no Los encuentra así, entonces incluso estas palabras le serán quitadas.

Se Los puede encontrar verdaderamente sólo con la bendición de Dios, realizando en toda su plenitud el poder de la Cruz, el cual los Apóstoles llamaron «el Derecho y el Izquierdo». Quien ha conocido esto, ya no es un cristiano, sino un Cristo.

No siempre es posible encontrar palabras apropiadas, usuales en el mundo material, para hablar sobre las Realidades de los eones más altos. Por eso, en estos casos, no hay ninguna otra manera de hacerlo que usando los símbolos y las imágenes. Estos símbolos e imágenes son bastante entendibles para aquellos practicantes que se desarrollaron hasta tal grado que puedan realizarlos meditativamente.

En el último párrafo Felipe describe —otra vez en símbolos e imágenes— una de las meditaciones más altas que se hace en los eones superiores. Quien aprendió a hacerla, pronto se convierte en un Cristo.

68. El Señor tiene todo lo importante en la forma oculta de este mundo: el bautismo, la bendición, la transfiguración, la purificación y la *Cámara Nupcial*.

Como ya hemos visto en el fragmento anterior, las formas rituales exteriores y las descripciones exteriores no tienen nada en común con la verdadera realización de las cosas mencionadas en este fragmento.

69. El Señor dijo: «Yo vine para llevar lo bajo a Lo Más Alto y lo exterior a lo interior, y unirlos ALLÍ».

Él hablaba de AQUEL lugar en símbolos e imágenes.

Quienes dicen que Dios se encuentra arriba están en un error. Pues sobre Aquel Que está en AQUEL lugar, se puede decir que Él se extiende abajo. ¡Al mismo tiempo, Él, a Quien Le pertenece también todo lo oculto de este mundo, está muy por encima de todo!

De hecho, es simplemente palabrería: «lo interior y lo exterior, lo exterior de lo interior…».

Además, el Señor llamó al lugar de la destrucción «la oscuridad *exterior*», y el mundo entero está rodeado por ésta.

Él también dijo: «Mi Padre Que está en lo oculto».

Además, dijo: «Entra en tu habitación, cierra la puerta detrás de ti y dirígete a tu Padre Que está en lo oculto», es decir, a Aquel Que está en la *profundidad debajo de* todo.

Sin embargo, Aquel Que está en *la profundidad debajo de* todo es la Conciencia Primordial. Más allá de Ella, no hay nadie que se encuentre más profundo.

Al mismo tiempo, sobre Ella dicen: «Está *por encima* de todos».

Dios Padre es la Conciencia Primordial Que existe en el universo entero. Él está arriba, abajo, por todos lados y también directamente *debajo de* cada objeto del mundo material, incluyendo el cuerpo de cada uno de nosotros.

No obstante, Él se encuentra en la *profundidad debajo de* todo esto, en el eon más profundo, en el eon primordial.

Por eso es posible conocerlo en la *profundidad* del propio corazón espiritual, desarrollado hasta el tamaño galáctico, y no arriba, hacia donde las personas, habitualmente, levantan sus manos y ojos.

Al haber conocido la entrada en Su eon, uno podrá pasar, permaneciendo en este eon, a cualquier punto del espacio, incluyendo *debajo del* propio cuerpo.

En los dos últimos párrafos de este fragmento, hay un «juego de palabras» típico del Evangelio. Su significado es: Quien esta *debajo de* todo reina sobre todo.

70. Antes del Cristo muchos salían (de este mundo) y no podían regresar (inmediatamente) al lugar

de donde salieron. Tampoco podían salir (inmediatamente) del lugar adonde llegaron.

Sin embargo, vino el Cristo, y ahora aquellos que entraron pueden salir, y aquellos que salieron pueden regresar.

El Cristo acercó a Sus discípulos a la Perfección, de modo que desde entonces ellos podían dejar el mundo de la materia durante las meditaciones, visitar los eones más altos y regresar al mundo de la materia.

Es más, algunos de ellos, apedreados hasta la muerte por sus prédicas, después regresaron a sus cuerpos y continuaron trabajando en éstos.

Jesús y los Apóstoles también resucitaban a los «muertos» volviéndolos a sus cuerpos terrenales.

71. Cuando Eva estaba en Adán, no había muerte. No obstante, cuando ella se separó de él, apareció la muerte. Si ella entra de nuevo en él y él la acepta, no habrá muerte otra vez.

Nuevamente, es un «juego de palabras» chistoso, esta vez con un gran significado. El asunto es que Adán y Eva no son los nombres de los dos primeros humanos, lo que el antiguo cuento judío contradictorio, incluido en la Biblia, afirma. *Adán* significa simplemente *hombre* (en el sentido del ser humano de esta palabra) y *Eva* significa *vida*.

Cuando la vida, es decir, el alma, deja el cuerpo del hombre, ocurre la muerte clínica, pero ella también puede regresar al cuerpo.

72. Estando en la cruz, Él dijo: «Dios Mío, Dios Mío, ¿por qué, oh Señor, Me has desamparado?».

Luego Él separó de aquel lugar Lo Que era Divino.

El Señor resucitó de entre los muertos (en un cuerpo). Él apareció tal cual era antes, pero ahora Su cuerpo era perfecto, aunque era carne. Pero esta carne era del Primordial.

Nuestra carne no es del Primordial; sólo poseemos una semejante a ésta.

Jesús materializó para Sí un nuevo cuerpo que era un concentrado de Energía Divina pura, a distinción de Su cuerpo anterior nacido de María.

73. La *Cámara Nupcial* no es para los animales, ni para los varones-esclavos (de sus pasiones), ni para las mujeres llevadas por la pasión.

Esta Cámara es para los varones que han alcanzado la Libertad y para las mujeres puras.

El nacimiento en el eon de Dios Padre, el crecimiento allí y la Unión con Dios constituyen la culminación de la evolución individual del alma. Sólo el ser humano puede lograr esto a condición de que se haya desarrollado intelectual, ética y psicoenergéticamente, lo que implica, entre otras cosas, que se ha liberado de las pasiones terrenales y apegos y ha obtenido la pureza y la sutileza Divina de la conciencia.

74. Gracias al Espíritu Santo, fuimos engendrados en la Tierra, pero nacimos de nuevo gracias al Cristo.

Fuimos bautizados en el Espíritu Santo.

Y después de nacer en Él, nos unimos con Él.

El Espíritu Santo, Quien es el Administrador de los destinos de las personas, administra, entre otras cosas, su encarnación en los cuerpos terrenales.

Luego en este fragmento se trata de los escalones del conocimiento de lo Divino.

El primero es el bautismo, el cual se recibe cuando, durante una meditación pertinente, el practicante espiritual entra (o le ayudan a entrar) en el eon apropiado y experimenta por primera vez la Conciencia Que habita allí.

Después él o ella debe aprender a entrar en este eon a través de sus propios esfuerzos y a permanecer allí. Esto se llama nacer en el eon.

Luego de nacer y madurar allí —otra vez mediante los métodos meditativos especiales — el practicante alcanza la Unión con la Conciencia de este eon.

75. Nadie puede verse en un flujo ni en un espejo sin luz.

Y viceversa: no puedes verte en la Luz sin el Flujo y sin el espejo.

Por eso hay que bautizarse tanto en la Luz como en el Flujo.

En la Luz recibimos la bendición.

En este fragmento, los dos puntos merecen ser comentados.

El primer punto es el significado alegórico de la palabra «espejo». Éste es el autoanálisis (mirarse a sí mismo), el cual se hace para descubrir las imperfecciones (con el propósito de liberase de éstas) y las faltas en el desarrollo de las cualidades positivas (con el propósito de desarrollarlas).

El segundo punto es la palabra «bendición». Ésta tiene dos significados: a) la bendición para alguna acción (el análogo es «dar el beneplácito») y b) la transmisión de energía positiva a otra persona. La bendición completa de un Maestro incluye ambos componentes.

En la práctica, en la Luz podemos recibir el éxtasis más alto, la bendición junto con las instrucciones para la ayuda espiritual a otras personas encarnadas y la bendición junto con los consejos particulares sobre cómo entrar en el eon de Dios Padre.

76. Había tres edificios en Jerusalén para los sacrificios. El primero estaba abierto al oeste y lo llamaban «sagrado». El segundo estaba abierto al sur y lo llamaban el «sagrado del sagrado». El tercero, al este y lo llamaban el «sagrado de los sagrados». Era el lugar donde el sacerdote entraba solo.

El bautismo es el «sagrado».

La redención de los demás (a través del propio servicio sacrificial) es el «sagrado del Sagrado».

Y el «Sagrado de los Sagrados» es la *Cámara Nupcial.*

El texto original está dañado en el medio de este fragmento.

(…) ¿Y qué es una cámara nupcial sino una imagen simbólica de la *Cámara Nupcial?* Pero la última es superior a todo lo impuro.

Su velo se rasga de arriba abajo. De ahí resulta que es la invitación a entrar para los escogidos.

El último párrafo indica el carácter simbólico del hecho de que el velo (la cortina) del templo de Jerusalén se rasgó de arriba abajo en el momento de la muerte de Jesús en la cruz.

El escalón más importante antes de entrar en la *Cámara Nupcial* es el servicio sacrificial a Dios a través del servicio espiritual a las personas.

77. Los espíritus impuros no ven y no pueden capturar a Aquellos Que se han vestido con la Luz Perfecta.

Que este vestirse con la Luz sea la Unión secreta.

De estas recomendaciones se desprende que la primera tarea de un practicante espiritual es nacer en el eon de la Luz.
La segunda es madurar allí transformándose en una conciencia suficientemente grande y capaz de actuar.
Y la tercera es unirse con la Conciencia de este eon.
De hecho, los espíritus impuros no ven a Aquellos Que se han vestido con la Luz siempre y cuando estas Personas permanezcan en el eon de la Luz.

78. Si la mujer no se hubiera separado del varón, ella no habría muerto junto con él. La separación de él fue el principio de la muerte.

Por eso el Cristo vino para corregir aquella separación que había empezado en aquel entonces, para unir a los dos y para dar la Vida Verdadera, a través de su unión, a aquellos que murieron en la separación.

Felipe vuelve a interpretar graciosamente el cuento bíblico sobre Adán y Eva. La explicación se dará en el próximo fragmento.

79. Entonces, que la mujer se una con su marido en la *Cámara Nupcial*. Pues Aquellos Que se han unido allí, ya no se separan más.

Por esta razón Eva se separó de Adán. Pues ella no se unía con él en la *Cámara Nupcial*.

La Unión verdadera y eterna de los Perfectos tiene lugar en la *Cámara Nupcial* de Dios Padre.

80. El texto original está dañado en este lugar.

81. En la orilla del Jordán, Jesús manifestó (a Juan el Bautista) la Conciencia Primordial del Reino de los Cielos, La Cual había existido antes del principio de todo. Después Él se presentó (a Juan) de nuevo. Después se manifestó como el Hijo (del Padre Celestial). Después fue bendecido (por Dios Padre para que realizara el servicio entre los judíos). Después fue llevado (de este mundo) por el Padre. Después Él empezó a llevar (a Dios Padre).

82. Ya que me es permitido revelar este misterio, digo: el Padre de todo se unió (en la *Cámara Nupcial*) con la Novia, Quien después descendió (hacia Jesús crucificado), y la Luz Le iluminó entonces. Y Él (dejando aquel lugar) fue a la Gran «Cámara Nupcial». Por eso Su cuerpo que apareció en los próximos días había salido de esta «Cámara». Este cuerpo era similar al que surge de la unión del marido y la esposa (es decir, similar a un cuerpo normalmente nacido). Jesús hizo en éste (en Su nuevo cuerpo) todo lo similar a la imagen (de un cuerpo normal).

Es necesario que cada discípulo entre en la Cámara del Padre.

83. Adán provino de las dos vírgenes: del Espíritu (Santo) y de la Tierra inhabitada.

Por eso el Cristo nació (sólo) de una virgen, para rectificar el error que ocurrió al principio.

Es una ironía, nada más.

84. Hay dos árboles en el medio del paraíso. De uno provienen los animales, del otro, las personas. Adán comió del árbol del cual provienen los animales. Él mismo se convirtió en un animal y luego engendró animales.

Por eso, en la actualidad, los animales como Adán gozan de mucha estima.

Entonces, el árbol del cual Adán comió un fruto es el árbol de los animales. Por eso sus hijos llegaron a ser tan numerosos, y todos ellos también comieron los frutos del árbol de los animales.

Como resultado, los frutos del árbol de los animales engendraron una gran cantidad de personas-animales que ahora sólo veneran a una persona-animal.

En cambio, Dios crea a las Personas, (y estas) Personas crean a Dios.

La mayor parte de este fragmento es una ironía, esta vez una ironía triste. Tal estado de ánimo de Felipe es especialmente entendible en vista del asesinato cruel del Hombre-Cristo por las personas-animales.

En este fragmento, el último párrafo, que culmina la parábola, es el que merece ser analizado seriamente.

De Dios Padre dimanan los Hombres Cristos Que aceleran la evolución de las conciencias individuales en la Tierra contribuyendo de este modo al ingreso más rápido en Dios Padre del «Alimento» de alta calidad (ver los fragmentos 50 y 93).

85. Las personas mundanas también crean «dioses» y veneran sus creaciones. ¡Entonces, que estos «dioses» veneren a estas personas! ¡Eso sería justo!

Esta vez es una ironía hacia los paganos que inventan sus propios «dioses». ¡Entonces, que estos «dioses» inventados les cuiden!

86. Los actos del hombre provienen de su fuerza (poder). Por eso se denominan como esfuerzos.

Con todo, el hombre también engendra a los hijos, los que se conciben en la tranquilidad.

La fuerza del hombre se manifiesta en sus actos y la tranquilidad, en sus hijos.

Y tú encontrarás que el hombre se parece a Dios en esto. Ya que Dios también realiza Sus actos (en la Creación) gracias a Su Fuerza (Poder), pero en la tranquilidad es donde Él engendra a Sus Hijos.

La función sexual se desenvuelve de la mejor manera siempre y cuando ambos integrantes de la pareja experimenten una tranquilidad profunda. Por eso Felipe dice que los hijos son el resultado de la tranquilidad de las personas.

El estado de Dios Padre en la *Cámara Nupcial* es la Tranquilidad tierna y profundísima. Sus Hijos e Hijas dimanan de Ésta.

87. En este mundo los esclavos sirven a los libres. En cambio, en el otro mundo esos libres servirán a esos esclavos.

Sin embargo, los Hijos de la *Cámara Nupcial* servirán a los hijos de los matrimonios terrenales.

Los Hijos de la *Cámara Nupcial* tienen el mismo nombre. La Tranquilidad es Su patrimonio común, y Ellos no tienen necesidad alguna.

En este fragmento hay tres temas profundos conectados entre sí por un «arabesco» literario común.

En la primera parte, se examina el tema de la predeterminación del destino futuro por nuestra conducta en el presente. Así, el orgullo, la arrogancia, la violencia, la crueldad —las manifestaciones aborrecibles de los «egos» hipertrofiados de algunas personas— serán destruidos en ellas por Dios a través de poner a estas personas en la situación de ser esclavos bajo el poder de personas-animales parecidas. Si tales personas viciosas no quieren luchar voluntariamente con sus defectos, Dios tendrá que «sacudir» estos defectos de ellos usando a otras personas abominables.

Sin embargo, los Espíritus Santos traen alegremente Su Amor a las personas, sirviéndoles.

Todos Aquellos Que se han establecido en el eon de Dios Padre, después de unirse con Él, son el Padre. Ellos han logrado todo lo que es posible lograr en el universo y permanecen en la Tranquilidad superior extática.

88-89. El texto original está dañado en este lugar.

90. Quienes afirman que primero morirán y luego resucitarán se equivocan. Si ellos no reciben primero la Resurrección permaneciendo todavía encarnados, no recibirán nada dejando sus cuerpos.

En estos mismos términos podemos hablar del bautismo, a saber, éste tiene significado siempre y cuando sea recibido por las personas encarnadas.

Para transformarse, uno debe tener un cuerpo material, que es un «transformador» de las energías. Quedándose sin un cuerpo material, la persona como alma permanece en el mismo estado en el cual se encontraba al final de su última encarnación. Tal persona no puede trasladarse de un eon al otro a voluntad, y nadie más puede hacerlo por él o ella.

91. Soy yo, el Apóstol Felipe, el que dice: José, el carpintero, plantó un jardín, porque necesitaba ma-

dera para su carpintería. Fue él quien hizo una cruz de los árboles que plantó. Y el Hijo de su semen fue colgado en lo que él había plantado.

El Hijo de su semen era Jesús y lo que fue plantado era la cruz.

José se preocupaba sólo por lo material y recibió de Dios una terrible indirecta simbólica.

92. Sin embargo, el verdadero árbol de la vida está en el medio del paraíso. Es un olivo del cual vienen las bendiciones.

De este árbol viene la Resurrección también.

Se continúa la idea del fragmento anterior, a saber, José no debería haber cuidado de los árboles materiales (o no sólo de éstos), sino del «árbol paradisíaco de la vida», el cual crece fuera de este mundo. En tal caso, él podría haber alcanzado la Resurrección.

93. Este mundo es un absorbedor de cadáveres, y todo lo que se come aquí (por las personas) es también desdeñable.

En cambio, la Verdad es un Absorbedor de vidas. Por eso nadie que fue alimentado por la Verdad puede morir.

Jesús vino de este lugar y trajo de allí el alimento. Así Él dio la (Verdadera) Vida a aquellos que lo desearon y estas personas no murieron.

Casi todas las personas de «este mundo» consideran el placer de la comida como lo principal en sus vidas. Incluso los cambios mínimos en sus hábitos gustativos resultan superiores a las fuerzas de la mayoría de aquellos que se auto-denominan cristianos, a pesar de las recomendaciones directas de Jesús el Cristo de no matar animales para la comida. Sin embargo, la nutrición de este tipo (con los cuerpos de los animales) excluye —ya siquiera debido a las leyes bioenergéticas, por no hablar de las éticas— la posibilidad de entrar no sólo en la *Cámara Nupcial*, sino también en la Luz del Espíritu Santo.

No hay ninguna duda de que es necesario para nosotros alimentarnos con la comida material, con la particularidad de que ésta debe ser de pleno valor nutritivo. Pues de lo contrario no podremos lograr nada en nuestro autoperfeccionamiento espiritual. Aun así, la nutrición con la comida material no debe oponerse a la nutrición con la comida «de la Verdad».

94. El principio de este fragmento está dañado en el texto original.

(…) El paraíso es el lugar donde me dirán: «¡Come esto o no comas esto, según como tú desees!». Es el lugar donde yo comeré todo, porque allí está el árbol del conocimiento. Este árbol destruyó a Adán. Sin embargo, también hizo que el hombre viviera activamente.

La Ley (de la Biblia judía) era aquel árbol. Esa Ley puede inculcar lo que es bueno y lo que es malo, pero no aparta al hombre de lo que es malo ni le fortalece en lo que es bueno. Esa Ley creó la muerte para aquellos que comieron de ésta. Pues cuando ordenó: «¡Come esto y no comas aquello!», fue el inicio de la muerte.

En esta parábola Felipe interpreta el cuento bíblico sobre el paraíso.

El Dios-Maestro enseña a las personas lo que es bueno y lo que es malo. Es más, después de explicarles los principios del avance hacia la Meta Más Alta, Él les concede el libre albedrío, la libertad de escoger adónde y cómo ir.

Las personas deben ir por sí mismas, buscando y encontrando la vía correcta y desarrollándose a través de esto. Dios sólo sugiere el Camino, en secreto o explícitamente, a veces bromeando. No obstante, por regla general, el caminante es quien toma las decisiones respectivas.

Esto le da la experiencia, la madurez y la sabiduría. Habiendo obtenido la última, uno podrá vencer todas las dificultades y llegar a ser Perfecto a través de semejante lucha. Sólo a tal persona Dios Padre le abrirá la puerta de Su *Cámara Nupcial*.

95. La bendición es superior al bautismo, porque gracias a la bendición fuimos llamados cristianos, no gracias al bautismo.

El Cristo también fue llamado así gracias a la bendición. Ya que el Padre bendijo al Hijo, el Hijo bendijo a los Apóstoles, y los Apóstoles bendijeron a los demás.

Quien está bendecido recibirá la Resurrección, la Luz, la Cruz y el Espíritu Santo.

A Él (al Cristo) el Padre Le dio esta (bendición) en la *Cámara Nupcial;* Él la recibió.

96. El Padre estaba en el Hijo y el Hijo, en el Padre. Así son las cosas en el Reino de los Cielos.

La segunda oración es graciosa y no proporciona ninguna información significante, sino que sólo estimula al lector para que resuelva el secreto de la primera frase.

En la primera oración, se describe el estado de interacción entre la Conciencia del Hijo y la Conciencia del Padre, a saber, están disueltas la Una en la Otra, en Unión y Consustancialidad.

97-98. El fragmento 97 está dañado en el texto original. El fragmento 98 continúa la idea que empieza en el fragmento 97, por eso tampoco puede ser descifrado.

99. Este mundo apareció (probablemente) debido a un error, puesto que quien lo creaba lo quiso crear firme e inmortal, pero (parece que) murió sin lograr su propósito. Pues no se ha hecho indestructible el mundo ni aquel que lo creó.

Ya que no existe la indestructibilidad de los frutos de las acciones materiales, sino que solamente existe (la indestructibilidad de los frutos de las acciones) de los Hijos y las Hijas. Y no hay nada que pueda alcanzar la Indestructibilidad, excepto un Hijo o una Hija.

¡En cambio, aquel que ni siquiera puede acumular su propia fuerza, en cuánto menos podrá ayudar al otro!

La primera parte de este fragmento no es nada más que un chiste, un juego de palabras que constituye el «nudo» artístico de la parábola.

Luego se explica que los únicos frutos valiosos de todas las acciones en la Creación son los Hijos y las Hijas del Padre Celestial, Quienes han obtenido la Indestructibilidad absoluta y la Eternidad y han entrado en Su *Cámara Nupcial*.

Al final del fragmento, se presenta la idea de que una persona encarnada debe primero ayudarse a sí misma a través de los propios esfuerzos en el autodesarrollo antes de rabiar por ayudar a los demás. Pues aquel que no sabe hacer nada todavía, ¿con qué puede ayudar a los demás?

100. El cáliz de la oración contiene el vino y el agua, sirviendo como un símbolo de la sangre, sobre la cual la acción de gracias se realiza. Este cáliz se llena del Espíritu Santo y pertenece al Hombre Perfecto (al Cristo).
Cuando lo bebamos, nos convertiremos en Hombres Perfectos.

Sin embargo, beber el Cáliz del Cristo no significa comulgar en la iglesia, incluso millares de veces.
Beber el Cáliz del Cristo significa recorrer todo Su Camino hasta la *Cámara Nupcial* y también pasar por Su Calvario.

101. El Flujo Viviente es como el Cuerpo (del Espíritu Santo). Es necesario que nos vistamos con el Cuerpo Viviente. Por eso si alguien va y se sumerge en el Flujo, debe desnudarse para vestirse con Éste.

El Cuerpo del Espíritu Santo es una imagen que contribuye a una mejor percepción meditativa de Su integridad. El Espíritu Santo es realmente Vivo, Perceptivo y Amoroso. Él nos guía y puede hablar con nosotros.
Para experimentar el Cuerpo del Espíritu Santo, es necesario «desnudarse», es decir, liberarse de todas las envolturas y capas que son más densas que Él. Así nos encontramos con Él en el mismo eon y recibimos allí el bautismo, el nacimiento y las bendiciones.

102. Un caballo engendra a un caballo, un humano engendra a un humano, Dios engendra a Dios.

El resto de este fragmento está dañado en el texto original.

103-104. Hablaré sobre el lugar donde permanecen los Hijos de la *Cámara Nupcial*.

En este mundo existe la unión entre el varón y la mujer. Es la unión de la energía y de la tranquilidad.

En el eon supremo existe otro tipo de unión; simplemente usamos las mismas palabras. En aquel eon moran otras Conciencias. Ellas son superiores a todas las palabras y están más allá de todo lo grosero y denso. Este es el lugar donde permanece el Poder (es decir, el Padre). Allí mismo están los Escogidos del Poder.

Quienes están allí no son los unos y los otros. Allí Todos son *Uno*.

En cambio, aquel que está aquí, ni siquiera puede salir de su cuerpo carnal.

Felipe explica el simbolismo del texto: en la *Cámara Nupcial* de Dios Padre, no practican el sexo, como lo hacen las personas encarnadas. Sin embargo, allí también se unen en Amor y existen como *Uno Solo*.

105. No todos aquellos que poseen un cuerpo logran conocer su Esencia. Y quien no puede conocer su Esencia no puede usar las posibilidades dadas a esta persona para su deleite.

Solamente quienes han conocido su Esencia se deleitarán en verdad.

Para conocer el deleite superior, se requiere hacer grandes esfuerzos en el autoperfeccionamiento. Sólo aquel que ha progresado en el conocimiento de Dios Padre obtiene tal deleite.

El conocimiento de la propia Esencia es la realización de uno mismo, como una conciencia, en la Morada de Dios Padre. Él es nuestro *Yo Superior*, El Cual se conoce cuando entramos en Él.

106. El Hombre Perfecto no sólo no puede ser capturado (por los espíritus impuros), sino que tampoco puede ser visto por éstos. Pues ellos pueden capturar sólo a quienes ven.

No hay otra manera de adquirir este bien que no sea vestirse con la Luz Perfecta y convertirse en esta Luz. Después de vestirse con esta Luz, el hombre se une con Ella.

Así es la Luz Perfecta.

No hay que buscar la salvación de los espíritus impuros en la «magia de protección», ni en el maldecirlos, ni en los métodos de «protección bioenergética», ni tampoco en los conjuros de los brujos. La salvación de los espíritus impuros se logra a través de la Unión con Dios.

107. Es necesario que nos convirtamos en personas del Espíritu antes de que salgamos de este mundo (es decir, antes de que nos desencarnemos).

Quien ha recibido todo en este mundo siendo su amo, no podrá convertirse en un amo en el otro mundo.

Jesús fue Quien conoció todo el Camino hasta su fin. Aun así, Él vino a este mundo como una persona sencilla (es decir, no se comportaba como un «amo»).

108. Una Persona santa es completamente santa, incluyendo Su cuerpo. Si uno Le da pan, lo consagra-

rá, así como el agua o cualquier otra cosa que le fuera dada. Tal Persona lo purifica todo. ¿Y cómo no podría purificar el propio cuerpo?

Una Persona verdaderamente santa se convierte en un sanador natural.

109. Durante el bautismo Jesús «vertía» la vida en los cuerpos y los «vaciaba» de la muerte.

Por eso ahora nos sumergimos en el Flujo (de la Vida), y no en (el flujo de) la muerte, para que no seamos llevados por él a los espíritus de este mundo. Cuando ellos soplan, viene la desolación; en cambio, cuando el Espíritu Santo sopla, viene el éxtasis.

110. Quien ha conocido la Verdad es libre. Aquel que es libre no comete pecado, porque quien peca se convierte en esclavo del pecado (es decir, en primer lugar, agrava su propio destino).

El verdadero conocimiento es como la madre y el padre (es decir, como los educadores, consejeros y guardianes sabios de un niño).

Sobre aquellos que no son capaces de cometer un pecado se dice que han alcanzado la libertad. El conocimiento de la Verdad los eleva aún más. Esto los hace libres y elevados sobre este mundo.

No obstante, sólo el Amor crea, y quien ha llegado a ser libre a causa del conocimiento, a causa de su Amor permanece esclavo de aquellos que no han podido ascender todavía hasta la Libertad. El conocimiento que esta persona les trae los desarrolla, porque los llama a la Libertad.

El amor no toma nada. Pues ¿cómo puede tomar algo cuando todo le pertenece? El amor no dice: «¡Esto es mío y esto es mío también!», sino que: «¡Esto es tuyo!».

111. El amor espiritual es como el vino y la mirra. Aquellos que han recibido para esto la bendición (de Dios) lo disfrutan.

Con todo, aquellos que no fueron bendecidos también lo disfrutan mientras están con los bendecidos. Pero si los bendecidos se apartan y se marchan, aquellos que no fueron bendecidos se hunden de nuevo en su hedor.

El samaritano no le dio nada al hombre herido más que vino y óleo. Esto no era ninguna otra cosa más que la bendición. Así él sanó sus heridas.

El amor cubre una multitud de pecados.

No tiene sentido comentar este fragmento brevemente, porque su significado puede comprenderse sólo por aquel que tiene la experiencia personal de amor-servicio a muchas personas diferentes.

112. Los nacidos de una mujer se parecen al varón que ella amaba. Si era su marido, se parecen al marido. Si era su amante, se parecen al amante. A menudo si ella se une con el marido forzosamente, pero su corazón está con su amante, con quien ella también se une, entonces sus hijos se parecen al amante.

¡Pero ustedes, unidos con el Hijo de Dios, no se unan también con lo mundano! ¡Más bien, estén sólo con el Señor para que aquellos que serán engendrados por ustedes no sean similares a los mundanos, sino al Señor!

113. Un varón se une con una mujer; un caballo, con una yegua; un asno, con una asna. Los representantes de cada especie se unen con sus similares.

De la misma manera, el Espíritu se une con el Espíritu; el Logos, con el Logos; la Luz, con la Luz.

Si te conviertes en un humano, un humano te amará. Si te conviertes en el Espíritu, el Espíritu se unirá contigo. Si te conviertes en el Logos, te unirás con el Logos. Si te conviertes en la Luz, la Luz se unirá contigo.

Si te conviertes en aquel que pertenece a los gobernantes terrenales, los gobernantes terrenales encontrarán paz contigo. Si te conviertes en un caballo, o un asno, o una vaca, o un perro, o una oveja, o cualquier otro animal, sea más pequeño o más grande, no podrás encontrar reciprocidad ni con el humano, ni con el Espíritu, ni con el Logos, ni con la Luz, ni con los gobernantes terrenales, ni con aquellos que están bajo su poder. Ellos no se meterán en la cama contigo, y tu amor no encontrará la compasión en ellos.

114. Quien era un esclavo en contra de su voluntad puede conseguir la libertad.

En cambio, a quien le fue propuesta la libertad por la misericordia de su señor, pero que, a pesar de esto, de nuevo se entregó a la esclavitud, no podrá llegar a ser libre nunca más.

El Cristo mostró a las personas el Camino hacia la Liberación completa en la Morada de Dios Padre. No obstante, sólo unos pocos aceptaron esta proposición. Esto no es más que la triste elección de los demás.

115. La economía de este mundo consiste de cuatro elementos: el agua, la tierra, el aire y la luz.

Así mismo, la economía de Dios consiste de cuatro elementos: la fe, la aspiración, el amor y el conocimiento.

Nuestra «tierra» es la fe en la cual nos hemos arraigado; el «agua» es la aspiración que nos lleva; el «aire» es el amor gracias al cual vivimos; y la «luz» es el conocimiento que nos permite madurar.

116. El principio de este fragmento está dañado en el texto original.

(…) Bienaventurado aquel que no ha entristecido a ningún ser.

Así era Jesús el Cristo. Él saludó a todos en este mundo y no era una carga para nadie.

¡Bienaventurado aquel que es así! ¡Pues tal persona es una persona perfecta!

Pues así es el Logos.

117. ¡Pregúntennos por Él! ¡Ya que no podemos reprocharle nada! ¿Cómo podemos reprochar a este Grande Que regalaba la Tranquilidad (de la *Cámara Nupcial)* a cada uno (de nosotros)?

Prestemos atención al hecho de que los Grandes regalan la tranquilidad. Por el contrario, las personas opuestas, personas demoníacas y diabólicas, traen la enemistad, el odio, el caos, la violencia, la devastación y el sufrimiento.

118. En primer lugar, uno no debe afligir a nadie: ni al grande, ni al pequeño, ni al incrédulo, ni al creyente. Después ofrezcan la tranquilidad a quienes viven en la paz y en el bien.

Existen Aquellos Que son capaces de dar la tranquilidad a quienes viven en el bien.

Las personas simplemente buenas no pueden hacer esto, ya que no son libres todavía.

Aquellos Que son capaces de dar la Tranquilidad tampoco pueden afligir o causar sufrimiento (injustificado).

En cambio, quienes todavía están en el camino de llegar a ser como Ellos a veces afligen a los demás.

¡Quien ha aprendido los secretos de la Existencia trae la alegría a las personas del bien!

Por otra parte, hay algunos que se afligen y se enfadan por eso.

119. El dueño de la hacienda ha adquirido todo: los hijos, los esclavos, el ganado, los perros, los cerdos, el trigo, la cebada, la paja, la hierba, la comida de los perros, la mejor comida y las bellotas. Es una persona razonable y sabe cuál alimento es para cada uno. Así, ante los niños, el dueño pone el pan, el aceite de oliva y lo mejor; ante los esclavos, el aceite de ricino y el trigo; al ganado da la cebada, la paja y la hierba; a los perros, los desechos; y a los cerdos, las bellotas y el afrecho.

Así mismo actúa el discípulo de Dios. Si es sabio, comprende el aprendizaje. Las formas corporales no le engañarán, sino que observará el estado del alma de cada uno cuando hable con esta persona.

Hay muchos animales en este mundo que tienen apariencia humana externa. Cuando los reconozca, a los «cerdos» les echará «bellotas»; al otro «ganado», «cebada», «paja» y «hierba»; a los «perros», «desechos»; a los «esclavos» les dará «brotes»; y a los «niños», lo perfecto.

Usando las imágenes de los animales, Felipe habla de la psicotipificación de las personas según su edad psicogenética y las cualidades adquiridas en el proceso de la evolución personal. Para cada grupo se necesita la «comida» adecuada.

120. Existen el Hijo del Hombre (el Cristo) y el Hijo del Hijo del Hombre. El Señor es el Hijo del Hombre, y el Hijo del Hijo del Hombre es Quien fue creado por el Hijo del Hombre.

El Hijo del Hombre obtuvo de Dios la facultad de crear, pero Él también puede engendrar.

La explicación se dará después del siguiente fragmento.

121. Quien ha obtenido la posibilidad de crear (una obra terrenal), (la) crea. Quien ha obtenido la posibilidad de engendrar (a los hijos), (los) engendra. Quien crea (una obra terrenal) no puede engendrar (al mismo tiempo).

Sin embargo, Aquel Que engendra también puede crear, y Aquel Que crea, también engendra. Su fruto es esta Creación. Él también engendra a Sus Similares, y no a los hijos terrenales.

Quien crea (una obra terrenal) actúa abiertamente, sin esconderse. Por el contrario, quien engendra actúa en lo oculto, fuera de la vista. Sin embargo, su fruto no se asemeja a Su Fruto.

Aquel Que crea (también) lo hace abiertamente, y Aquel Que engendra (también) engendra a los Hijos y las Hijas en lo oculto.

Este fragmento está saturado de «juegos de palabras». Podemos verlo muy claramente si volvemos a escribirlo sin las explicaciones dadas entre paréntesis.

La palabra *crear* en el segundo párrafo significa *materializar*. Se trata de la «creación del mundo» por Dios Padre y de la facultad que poseen los Cristos de materializar diversos objetos. El mundo creado por el Padre también puede llamarse Su fruto. El Cristo también engendra a los nuevos Hijos e Hijas y lo hace de manera oculta de las personas de este mundo.

122. Nadie puede saber en qué día un varón y una mujer se unieron entre sí, salvo ellos, ya que la tranquilidad de la unión conyugal es un secreto para los extraños.

¡Si una unión impura se oculta, entonces cuánto más una unión pura es un secreto sagrado! Ésta no es carnal, sino pura; no es determinada por la pasión, sino por la voluntad sensata; no pertenece a la oscuridad ni a la noche, sino al día y a la luz.

Una unión (sexual) que se expone se convierte en libertinaje. Y la esposa es considerada libertina no sólo si se une con otro varón, sino también cuando siquiera se levanta de su lecho nupcial y otros la ven haciéndolo.

Que ella se comunique de cerca sólo con sus padres, los amigos del marido y los hijos de su cámara nupcial; ellos pueden entrar en su cámara nupcial todos los días. ¡En cambio, los demás, que sólo sueñen oír su voz allí y disfrutar la fragancia de sus perfumes! Que se satisfagan, como los perros, con las migas que caen de la mesa.

Los Esposos y las Esposas (de Dios) pertenecen a la *Cámara Nupcial*. Nadie puede verlos, a menos que llegue a ser como Ellos.

Nadie, salvo el Padre, puede ver y conocer la Grandeza de Aquellos Que han alcanzado la *Cámara Nupcial*, a menos que esta persona alcance el mismo nivel de desarrollo.

123. El comienzo de este fragmento está dañado en el texto original.

(…) Abraham, para comprender a Aquel a Quien debía comprender, realizó la circuncisión mostrando con esto (simbólicamente) que debemos destruir lo carnal en nosotros, lo que es de este mundo.

Luego el texto original está dañado en parte.

(…) Mientras las vísceras del hombre estén ocultas, el cuerpo está vivo. Por el contrario, si las vísceras se exponen y se caen afuera, el cuerpo muere.

Lo mismo sucede con un árbol: mientras sus raíces estén ocultas, el árbol florece y crece, pero si sus raíces se exponen, el árbol se seca.

Es lo mismo con cualquier fenómeno en el mundo, y no sólo en el material, sino también en el oculto. Así, mientras la raíz del mal esté oculta, el mal crece y está fuerte. Cuando el mal sea conocido, empezará a florecer, pero si uno saca su raíz, perece.

¡Por eso el Logos dice: «Ya está puesta el hacha cerca de las raíces de los árboles! Si ésta no corta hasta el fin, lo que no fue cortado completamente volverá a cerrarse. Por eso hay que hincar el hacha suficientemente profundo para sacar las raíces».

Jesús destruyó aquellas raíces en el lugar donde trabajaba y también en otros lugares parcialmente.

¡En cuanto a todos nosotros, que cada uno se hinque en las raíces del mal que están en su interior y desarraigue este mal del alma!

Con todo, el mal podrá ser desarraigado siempre y cuando lo conozcamos. Si no sabemos sobre el mal, éste continuará extendiendo sus raíces en nosotros y multiplicándose. Entonces, cuando se apodere de nosotros por completo, nos convertiremos en sus esclavos. ¡Así el mal nos esclavizará cada vez más obligándonos a hacer lo que no queremos hacer y a no hacer lo que queremos! (…) ¡Es muy poderoso mientras no sepamos acerca de él en nosotros!

Mientras el mal existe, actúa. La ignorancia sobre éste es la base de lo malo en nosotros. La ignorancia nos lleva a la muerte. ¡Aquellos que no han salido todavía de la ignorancia no han existido como (verdaderas) personas, no existen y no existirán!

En cambio, aquellos que permanecen en el conocimiento verdadero se llenan de la Perfección, a medida que la Verdad se revela ante ellos.

Pues la Verdad, así como la ignorancia, permaneciendo oculta, descansa en sí misma, pero cuando se revela y se conoce, florece siendo alabada.

¡Cuánto más poderosa es la Verdad que la ignorancia y el error! ¡Ella nos da Libertad!

El Logos dijo: «Si conocen la Verdad, les hará libres.

»La ignorancia es la esclavitud. El conocimiento es la Libertad».

Buscando la Verdad, encontraremos sus semillas en nosotros mismos.

Cuando nos unamos con Ella, Ella nos recibirá en la Conciencia Primordial.

Felipe examina el mecanismo del arrepentimiento e insiste en la necesidad de prestar mucha atención al trabajo intelectual.

El arrepentimiento es la purificación de uno mismo de los defectos. Los dos fundamentos de todos nuestros defectos son los siguientes:

1. La facultad de causar intencionalmente sufrimiento a otros seres (por ejemplo, simplemente «afligiéndolos»). De esta manera manifestamos nuestro egoísmo, nuestros «yos» defectuosos, y también una falta de amor desarrollado. Con el «yo» hipertrofiado y sin amor desarrollado no podemos realmente acercarnos a Dios Padre.

2. La ausencia de la orientación permanente de la atención hacia Dios Padre, la ausencia de la aspiración a Él.

Con respecto a esto, hablemos sobre la fe. La fe como un simple «sí» a la pregunta «¿Crees?» es muy poco. La verdadera fe es tener constante e inalterablemente en la memoria al Dios-Maestro, Quien nos enseña todo el tiempo. Es especialmente importante recordar este hecho en las situaciones extremas, las cuales también constituyen Sus lecciones para cada uno de nosotros. El practicante llega a tal nivel de fe mediante el trabajo intelectual intenso y largo, realizado en la interacción con el Dios-Maestro.

Sólo gracias a tales esfuerzos, Dios se convierte para el practicante espiritual en una Realidad Viva, dejando de ser un mero símbolo o una abstracción a la cual «hay que» rendir culto. Así la fe se convierte en el conocimiento de Él.

En el nivel más alto de su desarrollo, la fe se transforma —necesariamente a través de la etapa del conocimiento de Él— en el Amor apasionado. Sólo semejante Amor puede asegurarnos un acercamiento con el Padre tal que permita entrar en Su Morada y unirse con Él.

El trabajo de arrepentimiento no consiste en una mera enumeración de todos nuestros actos-pecados verdaderos o imaginarios en voz alta, sino en el estudio de uno mismo como alma y en la autotransformación por medio de la introspección y autoeducación. Destaquemos que los «pecados» no son la cosa principal contra la cual debemos luchar. Los «pecados» no son nada más que las manifestaciones de las cualidades del alma llamadas defectos (o cualidades negativas, imperfecciones, vicios). Así que es precisamente contra los defectos contra los que debemos luchar con la ayuda del hacha mencionada por Jesús y Felipe. Tal lucha puede librarse más eficazmente sólo después de que el practicante comienza a percibir a Dios como un Maestro Vivo.

Como resultado de todo el trabajo de purificación y desarrollo de uno mismo, el practicante nace y luego madura en los eones más altos. A medida que esto sucede, todo lo material, lo carnal, de hecho se hace menos y menos importante y luego «se corta» completamente (a lo que Abraham aludió con su circuncisión).

Entonces queda sólo Él.

124. Poseyendo las partículas manifestadas de la Creación, las tratamos como importantes y dignas de estimación y lo que está oculto de nuestros ojos, como inútil y digno de desprecio.

Sin embargo, la realidad es opuesta: los objetos manifestados de este mundo son inútiles y dignos de desprecio, mientras que aquellos que se encuentran en el mundo oculto de nosotros son importantes y dignos de estimación.

Los misterios de la Verdad se revelan sólo a través de símbolos e imágenes.

Nosotros, nacidos en los cuerpos materiales en la Tierra, nos acostumbramos a mirar el mundo material que nos rodea desde la materia de nuestros cuerpos.

En cambio, aquel que recorre el Camino indicado por Jesús, después de haber nacido y madurado en los eones más altos, aprende a ver en estos eones y también desde éstos.

En este fragmento, Felipe comparte con nosotros Sus impresiones personales, obtenidas mediante tal visión.

125. La *Cámara Nupcial* está oculta. Es lo más sagrado.

El velo ocultaba inicialmente cómo Dios gobierna la Creación. Pero cuando éste se rasga (para cada practicante que se acerca) y Aquel Que está adentro se revela, se abandona esta casa de la separación (el cuerpo). Es más, esta casa será destruida (desmaterializada).

(…) Con todo, lo Divino del practicante no entra enseguida en el Sagrado de los Sagrados, porque no puede unirse (inmediatamente) con la Luz con La Cual no se ha unido todavía, ni con la Conciencia Primordial, la puerta a La Cual aún no se ha abierto (para entrar). Mientras tanto, la Conciencia Primordial estará debajo de las alas de la Cruz y debajo de Sus Brazos. Esta meditación será un arca salvadora para tal practicante incluso si un diluvio sobreviene.

Algunos de los compañeros del Cristo después podrán pasar detrás del velo junto con el Sumo Sacerdote (el Cristo).

El velo (del templo de Jerusalén) no se rasgó sólo arriba. Si hubiera sido así, entonces la entrada se habría abierto sólo para los nobles (en la Tierra). Tampoco se rasgó sólo abajo, lo que indicaría los estratos bajos (de la jerarquía social), sino que se rasgó de arriba abajo.

La entrada también está abierta para nosotros, que estamos abajo, para que entremos en la Tesorería de la Verdad.

Allí existe Aquel Que está en mucha estima, Aquel Que es Indestructible.

No obstante, hemos practicado el Camino que lleva allí a través de los símbolos despreciados y las imágenes efímeras. Éstos son despreciados por aquellos que gozan de la gloria terrenal. Sin embargo, hay Gloria muy por encima de la gloria y hay Poder muy por encima del poder.

La Perfección nos abrió la Tesorería de la Verdad. El Sagrado de los Sagrados se abrió para nosotros. ¡La *Cámara Nupcial* nos invitó a entrar!

(…) Mientras todo esto esté oculto de las personas, el mal las seguirá llevando a lo vano, y ellas no lo separarán de aquello que fue sembrado por el Espíritu Santo. Tales personas son los esclavos del mal.

No obstante, cuando Aquello se acerca, la Luz Perfecta abraza a cada uno (de quienes han entrado en Ésta) y aquellos que están en esta Luz reciben la bendición. ¡Así los esclavos se vuelven libres y los prisioneros se liberan!

126. Cada planta que no fue plantada por Mi Padre Que está en los Cielos será desarraigada.

Quienes están separados, ¡que se unan (en los eones más altos) haciéndose Perfectos!

¡Todos Aquellos Que entren en la *Cámara Nupcial* encenderán más la Luz de la Verdad, pues Ellos no engendran en la oscuridad como quienes están en los matrimonios terrenales! ¡El Fuego arderá en la noche y se extenderá, porque los misterios de este Matrimonio se realizan en la Luz del Día! ¡Esta Luz del Día nunca cesará (para Ellos)!

127. Si alguien llega a ser un Hijo de la *Cámara Nupcial*, significa que también había conocido la Luz (del Espíritu Santo) antes.

Sin embargo, quien no La ha conocido en el mundo de la materia no La recibirá en AQUEL lugar.

Quien ha conocido la Luz (del Espíritu Santo) no puede ser visto ni capturado (por los espíritus impuros), y ninguno (de ellos) puede atormentar a tal Persona, incluso si Él o Ella vive todavía en el mundo de la materia (en un cuerpo). ¡Esta Persona ya ha conocido la Verdad! ¡Su Morada es ahora el eon de la Conciencia Primordial y esta Conciencia está abierta para tal Persona Perfecta en la Luz del Día Sagrado!

Bibliografía

1. Antonov V.V. — Ecopsicología. «New Atlanteans», 2012.
2. Antonov V.V. — Las Enseñanzas originales de Jesús el Cristo. «New Atlanteans», 2013.
3. Okulov A. y otros (edición) — Apócrifos de los Cristianos Antiguos. «Mysl», Moscow, 1989 (en ruso).
4. Trofimova M.K. — Las Preguntas Filosófico-Históricas de Gnosticismo. «Nauka», Moscow, 1979 (en ruso).
5. Zubkova A.B. — Parábolas sobre el padre Zosima. «New Atlanteans», 2014.

Diseño:
Ekaterina Smirnova

Made in the USA
San Bernardino, CA
15 December 2019